Incorporar eficazmente as redes so

Pelumi Joseph

Incorporar eficazmente as redes sociais: Um estudo de caso sobre a Cadbury

ScienciaScripts

Imprint

Any brand names and product names mentioned in this book are subject to trademark, brand or patent protection and are trademarks or registered trademarks of their respective holders. The use of brand names, product names, common names, trade names, product descriptions etc. even without a particular marking in this work is in no way to be construed to mean that such names may be regarded as unrestricted in respect of trademark and brand protection legislation and could thus be used by anyone.

Cover image: www.ingimage.com

This book is a translation from the original published under ISBN 978-3-659-86063-8.

Publisher:
Sciencia Scripts
is a trademark of
Dodo Books Indian Ocean Ltd. and OmniScriptum S.R.L publishing group

120 High Road, East Finchley, London, N2 9ED, United Kingdom
Str. Armeneasca 28/1, office 1, Chisinau MD-2012, Republic of Moldova, Europe

ISBN: 978-620-8-32317-2

Índice

Agradecimentos

Gostaria de expressar a minha sincera gratidão à minha família, amigos, colegas estudantes e pessoal da School of Business and Management e não só, pela sua ajuda e participação neste estudo. O seu contributo e apoio são muito importantes para a realização deste trabalho. Gostaria também de expressar a minha mais sincera gratidão ao meu supervisor, Amit Rai, por todos os seus conselhos e orientações ao longo de todas as fases de realização deste estudo. Todos os seus comentários, do princípio ao fim, são muito apreciados.

Resumo

"As redes sociais são agora os sistemas operativos da vida dos consumidores. Tornaram-se rapidamente indispensáveis."

Christopher Vollmer e Karen Premo, 2011, P.4.

"O crescimento exponencial dos meios de comunicação social, desde os blogues, Facebook e Twitter até ao LinkedIn e YouTube, oferece às organizações a oportunidade de participarem numa conversa com milhões de clientes em todo o mundo, todos os dias"

Toby Merrill, Kenneth Latham, Richard Santalesa e David Navetta, 2011, p. 2.

Atualmente, o número de oportunidades num mercado empresarial caracterizado pelas redes sociais aumentou substancialmente em comparação com o passado. Por exemplo, desde o seu lançamento em 2004, "o Facebook adicionou o seu bilionésimo utilizador (Field & Grande: P. 4)". Do mesmo modo, "o volume diário de Tweets mais do que triplicou para 330 milhões (Ibid)". Além disso, à semelhança de outros sítios de redes sociais, o Facebook é uma plataforma que permite tecnologias que facilitam a difusão das redes sociais, permitindo que os indivíduos partilhem informações em linha da mesma forma que o fazem na realidade. Dito isto, é evidente que as oportunidades apresentadas pelos sítios de redes sociais são demasiado grandes para serem ignoradas. Mais ainda, é um lembrete de que é importante prestar muita atenção e respeitar o crescimento dos meios de comunicação social e os seus benefícios de marketing, da mesma forma que outrora respeitámos a publicidade televisiva. Por conseguinte, este documento explora o marketing nas redes sociais, as suas funções e as melhores práticas. Para o efeito, centrar-me-ei especificamente na Cadbury ao longo de todo o estudo e investigação que serão realizados neste documento. Para além de explorar o marketing nas redes sociais, pretendo explorar a sua utilidade nas empresas, mas com um enfoque principal na Cadbury. Além disso, procuro desvendar a forma como a Cadbury utiliza os sítios das redes sociais (incluindo o Facebook) para interagir, envolver-se e manter relações com os seus clientes e outros utilizadores da Internet.

3

Capítulo 1. Introdução

As redes sociais têm vindo a integrar-se cada vez mais em muitas vidas na sociedade contemporânea, enquanto a sua utilidade para fins de marketing é evidente em muitas marcas bem conhecidas nos últimos tempos. De acordo com Newman, Dutton e Blank (2012: P. 9), "entre 2007 e 2011, o número de pessoas que gerem regularmente perfis em sites de redes sociais aumentou drasticamente, de 17% para 60%." Assim, ilustra a crescente centralidade e o papel das redes sociais não deve ser desvalorizado. Mais ainda, as redes sociais tornaram-se parte integrante de muitas vidas, em especial dos jovens adultos (idade: 16-25 anos), o que provou ser um bónus para as próprias redes sociais e para as empresas comerciais. Também se tornou uma ferramenta de marketing importante para as empresas, devido ao seu crescimento e popularidade crescentes entre os utilizadores nos últimos anos e agora. Não é surpreendente, mas é evidente em grandes empresas como a Coca-Cola, a Nike e a P & G, que organizaram campanhas de alto nível, tais como: Expedição 206 da Coca-Cola, Write the Future da Nike e Old Spice Responses da P&G, para citar alguns. Este é um sinal importante de que as redes sociais estão a passar da periferia para o centro da agenda de marketing de muitas empresas. No entanto, é importante notar que a maioria das empresas, mesmo as líderes de mercado, ainda se encontram numa fase inicial em termos de esforços nas redes sociais. Além disso, os avanços tecnológicos desviaram quase completamente a atenção dos meios de comunicação tradicionais, como a imprensa escrita, a rádio, a televisão, as gravações, etc. Talvez vivamos numa era digital ou, como referem Vollmer e Premo, que: A tecnologia digital tornou-se o meio mais importante, mais rápido e mais influente" (Christopher Vollmer & Karen Premo; 2011).

Os meios de comunicação em linha e digitais restringem e, ao mesmo tempo, dão poder aos indivíduos à medida que estes interagem uns com os outros no ambiente em linha. O objetivo do marketing digital, como o marketing no Facebook, é interceder e reorganizar com êxito esse novo sistema de informação. Talvez seja esta a razão pela qual os profissionais de marketing e as empresas se concentram atualmente na criação de comunicações eficazes, alterando ou reorganizando o tipo, a intensidade e a conetividade da sua presença em linha.

Este documento explora a noção de redes sociais e utilizadores da Internet com um estudo de caso sobre a presença da Cadbury na Web. A forma como os avanços tecnológicos provocaram uma mudança na forma como a atenção é prestada e como a retiraram quase completamente dos meios de comunicação tradicionais, como a televisão, os meios impressos, a rádio, as gravações, etc: TV, imprensa escrita, rádio, gravações, etc. Será dada uma ênfase aprofundada à forma como as redes sociais estão a moldar a experiência em linha dos utilizadores da Internet, ao impacto que têm nos utilizadores e, sobretudo, à forma como estão a mudar a maneira como as pessoas comunicam e se relacionam umas com as outras no espaço digital. Além disso, serão realizadas as devidas investigações para explorar de que forma a Cadbury se envolveu e está a envolver-se com os meios de comunicação social e como está a satisfazer as exigências nos e com os sites de redes sociais (por exemplo, Facebook, Twitter, YouTube). As questões que serão respondidas ao longo deste documento ajudarão a identificar os efeitos das redes sociais, as oportunidades que apresentam, as suas limitações e os desafios colocados pela incorporação das redes sociais nas empresas.

As redes sociais são e tornaram-se uma ferramenta de marketing útil que ajuda uma empresa a desenvolver relações e a ligar-se ao seu público. Ferramentas como o Facebook, o Twitter, o YouTube, o Google Plus, vários blogues e sítios digitais (por exemplo, o dwinQ) e, mais recentemente, o Instagram são uma série de ferramentas possíveis de ligação úteis para o marketing nas redes sociais. Assim, cabe à empresa garantir que a relação se desenvolva, cresça e se mantenha. As redes sociais são essencialmente difundidas, pelo que estão à frente da concorrência e são úteis para as empresas estarem à frente da concorrência. Este facto é observado na citação de Vollmer e Premo que De acordo com a eMarketer, 80% das empresas utilizam

4

atualmente algum tipo de plataforma ou ferramenta de redes sociais no marketing" (Christopher Vollmer & Karen Premo, 2011). Além disso, os concorrentes da Cadbury, a Nestlé, a Mars e a Wm. Wrigley Jr. Company, estão todos presentes nos sítios das redes sociais e participam no marketing das redes sociais.

A Cadbury é uma empresa líder no sector da confeitaria, não só em termos de números, mas também pela sua presença online em vários sítios das redes sociais. A presença da empresa online e nos sítios das redes sociais permite-lhe captar a atenção dos fãs e seguidores, ao mesmo tempo que lhe permite estar envolvida na conversa. A Cadbury chega a muitos, se não a todos, os utilizadores, independentemente do seu estatuto de novo utilizador da plataforma de redes sociais ou de utilizador regular.

Importância da investigação

Os meios de comunicação social são significativos e constituem uma ferramenta importante no domínio da comunicação e do marketing e não param de crescer. Esta ocorrência está a mudar a forma como o marketing era tradicionalmente feito nos anos anteriores e continua a mudar a forma como o marketing é feito. A análise em tempo real, o feedback em tempo real, a ligação à vida e a experiência de interação social em grande escala são apenas alguns dos benefícios. A presença em linha, deste ponto de vista, serve como uma ferramenta de comunicação, mas não está relacionada com a intervenção para efetuar mudanças sociais. Esta investigação permitirá compreender claramente como uma grande empresa que utiliza várias plataformas de media pode servir de exemplo para outras organizações futuras.

A Cadbury é uma marca muito respeitada na indústria de confeitaria e tem sido conhecida pela sua proeminência nos países onde existe, por exemplo, é a marca de chocolate número um do Reino Unido e é uma marca britânica apreciada com uma longa herança. A empresa está ativamente envolvida em várias plataformas de redes sociais e o seu envolvimento pode servir de base para um plano de marketing nas redes sociais. A Cadbury também criou recentemente uma campanha nas redes sociais denominada "Cadbury House experience" (ver aqui: http://www.youtube.com/watch?v=wILprOrDHKA). Nesta campanha, a Cadbury recorre à dwinQ para uma experiência hiper-social nos jogos de Londres em 2012, enviando alguns dos seus funcionários para trabalhar com a dwinQ na criação de uma experiência interactiva nas redes sociais, na sua presença nos jogos de Londres. O evento foi realizado na Cadbury House em Hyde Park, Londres. A equipa utilizou várias plataformas de redes sociais, como o Facebook, YouTube e Newsfeed para documentar a sua viagem e revelar o que faz as pessoas felizes em todo o mundo. Os utilizadores participaram tirando fotografias que captavam memórias divertidas que eram partilhadas nos seus feeds de notícias do Facebook automaticamente e em tempo real. A solução cria diversão para os convidados (utilizadores) e, simultaneamente, aumenta a mensagem da marca Cadbury para centenas de milhares de pessoas para além dos participantes.

A investigação da sua presença nas redes sociais deverá permitir revelar as estratégias utilizadas pela Cadbury e fornecer uma base para compreender esta nova sensação.

Capítulo 2. Metodologia

Este documento apresenta um estudo exploratório que visa obter mais informações sobre os requisitos importantes para a utilização das redes sociais com vista a obter uma vantagem competitiva, uma posição forte no mercado, bem como uma presença e um envolvimento de qualidade nas redes sociais. Este estudo centra-se particularmente na Cadbury, mas também fornece exemplos de como a atividade das redes sociais na Cadbury e noutras empresas serve de modelo para outras. A recolha de dados primários baseou-se num inquérito com perguntas que resultaram em dados quantitativos e qualitativos. O estudo também se desenvolveu a partir de investigação secundária desenvolvida através de artigos académicos sobre sites de redes sociais através de bases de dados online e livros didácticos.

As conclusões apresentadas neste documento são em parte quantitativas (principalmente - através de um inquérito) e em parte qualitativas (pouco relevantes - que são artigos académicos), sobre a Cadbury e as actividades nas redes sociais. O processo de seleção de métodos e teorias pode ser útil para compreender e explicar por que razão foram escolhidos os métodos e teorias utilizados. A ideia de investigar a forma como a Cadbury incorpora eficazmente as redes sociais como principal teoria de investigação foi a primeira decisão tomada no processo de redação deste documento e, por conseguinte, a principal área de interesse. A partir daí, teve lugar o processo de revisão da literatura e de investigação secundária.

Utilizando ferramentas como o Ms Excel para analisar o questionário, o investigador conseguiu identificar as principais caraterísticas dos sítios das redes sociais, que incluem a sua associação com a diversão e a popularidade do Facebook entre os jovens adultos e, sobretudo, o que é considerado irrelevante nas redes sociais. Isto permitiu ao investigador confirmar que os métodos escolhidos eram fiáveis, na medida em que foi dada uma visão em primeira mão dos comportamentos em linha dos vários indivíduos presentes em linha. Isto ajudou a descobrir o que é aceitável e o que não é e, como resultado, serviu de base para recomendações à Cadbury sobre como gerir a sua presença online.

Recolha de dados primários - Inquérito

A decisão sobre o método de recolha de dados primários foi tomada através de etapas com sucessos e fracassos. No entanto, a intenção ao longo de todo o processo era encontrar um método que ajudasse a fornecer respostas que retratassem os requisitos necessários para ter sucesso com as práticas de marketing nas redes sociais na Cadbury. Eventualmente, foi tomada a decisão de realizar um inquérito e foi criado um questionário que foi administrado fisicamente através da entrega de cópias de cada questionário aos participantes dispostos a participar no estudo.

Tal como acontece com outros métodos, a utilização de inquéritos como material de investigação tem efeitos positivos e negativos. Tal como definido por Lietz, um inquérito é "...um processo de comunicação complexo em que o produto da interação entre o investigador e os inquiridos conduz à partilha e à criação de significado" (Lietz, 2010: p.249). Além disso, no que diz respeito às caraterísticas de ser um estudo exploratório e ao número de perguntas na amostra e às amostras limitadas desta investigação, seria útil, no futuro, recriar o estudo numa escala maior, talvez com outros métodos, para ver se os requisitos necessários de acordo com este estudo também poderiam ser considerados válidos noutros tipos de empresas comerciais envolvidas na atividade das redes sociais.

Amostra:

Antes de explicar as fases de redação e de decisão sobre as perguntas incluídas no inquérito para este estudo, é importante compreender a seleção da amostra, porque o esboço das perguntas de um inquérito pode ser afetado pela pessoa a quem o inquérito se destina.

Tal como especificado anteriormente, o inquérito foi distribuído fisicamente, mas a um total de 150 estudantes inscritos em diferentes cursos (por exemplo, Matemática, Literatura Inglesa e Engenharia Mecânica) numa universidade urbana (Queen Mary University of London). Foram inquiridos sobre a sua utilização de sítios de redes sociais, incluindo Facebook, Twitter, YouTube, Google+, My Space, LinkedIn, Instagram, sala de estudantes e blogues. A participação neste estudo foi voluntária e os participantes não receberam qualquer recompensa sob a forma de dinheiro ou vales de desconto, porque era essa a intenção do investigador no estudo proposto e isso foi explicado a cada participante antes de preencherem o questionário. Assim, os participantes estavam cientes de que o preenchimento do questionário era do seu próprio interesse.

As perguntas foram concebidas para descobrir quais os sítios das redes sociais que os participantes visitam regularmente, os seus motivos para visitar os sítios das redes sociais, as plataformas através das quais acedem às contas das redes sociais (por exemplo, telemóvel), se gostam ou seguem uma empresa e o que os motiva a fazê-lo. Estes são exemplos de alguns fundamentos em que se basearam as questões geradas neste estudo.

Embora a utilização de uma amostra baseada exclusivamente em estudantes universitários na investigação em comunicação possa ser considerada conveniente e não representativa, neste caso específico foi adequada, uma vez que os estudantes universitários constituem o grupo-alvo principal e focal deste estudo específico (Papacharissi & Mendelson, P:10). No entanto, outros argumentaram que a "utilização de amostras de estudantes universitários se justifica quando este grupo demográfico é teoricamente de interesse para o tópico de estudo. Os estudantes universitários representam uma parte significativa do grupo etário demográfico nos sítios de redes sociais em linha (Papacharissi & Mendelson, P: 10 & 11)". Além disso, muitos jovens têm, de facto, apenas dez anos de idade, por vezes mais novos, e os estudantes universitários, em especial, são normalmente os primeiros utilizadores dos novos géneros tecnológicos, constituindo assim uma amostra válida para este estudo dos "novos géneros televisivos" (Ibid). Esta geração específica de utilizadores da Internet é muitas vezes designada por Geração Y ou, por outras palavras, os nativos digitais no ambiente em linha. Por outras palavras, trata-se de jovens que estão constantemente a trocar mensagens e a editar repetidamente os seus perfis em plataformas de redes sociais para manterem uma certa imagem de si próprios em linha. No entanto, um resultado surpreendente do inquérito é que poucos participantes disseram que, por exemplo, tinham contas no Facebook, mas que não eram utilizadores frequentes.

Não havia um tempo definido para o preenchimento do inquérito, pelo que os participantes neste estudo não foram informados de qualquer tempo determinado para o preenchimento do inquérito. No entanto, o tempo médio de preenchimento de todos os participantes não foi superior a cinco minutos.

No total, houve 160 participantes que responderam ao inquérito na categoria escolhida para este estudo, mas a amostra apresentada neste documento representa apenas 150 participantes, o que, por coincidência, era o objetivo definido para este estudo desde o início. As 10 respostas descartadas dos participantes deveram-se a respostas malformadas.

Construção do inquérito:

Há várias considerações que são úteis ao criar e conceber as perguntas para um inquérito. Em comparação com um grupo de discussão, por exemplo, onde o investigador pode ter a oportunidade de ajustar as perguntas, supondo que não foram inicialmente compreendidas pelos participantes; num inquérito, por outro lado, pequenos detalhes ou erros na criação de uma pergunta podem ter efeitos enormes no tipo de respostas que serão dadas e esse efeito refletir-se-á no resultado final da investigação (Lietz, 2010). Além disso, Lietz (2010) também argumenta que é importante considerar o comprimento, a especificidade e a simplicidade das perguntas. Simplificando, o investigador tem de garantir que as perguntas feitas são claramente compreendidas e que não há espaço para a interpretação exigida pelos inquiridos.

O inquérito inclui um total de 21 perguntas. Todas as perguntas estão relacionadas com o tema deste estudo, embora as perguntas não estejam particularmente relacionadas com a empresa escolhida para este estudo. Algumas perguntas permitiam que os inquiridos expressassem pensamentos adicionais através de comentários sobre as redes sociais, por exemplo, as perguntas 15, 13, 11, 10 e 21. A ideia era recolher o máximo de informação possível dos inquiridos. Das vinte e uma perguntas deste estudo, dezasseis delas tinham respostas opcionais, em que os inquiridos podiam "assinalar" uma ou tantas quanto possível, embora a primeira pergunta só tivesse a opção de assinalar uma ou outra.

Talvez mais perguntas pudessem ter ajudado a compreender melhor a demografia dos participantes, como por exemplo, que idade tinha e em que ano aderiu a uma plataforma de redes sociais como o Facebook, e talvez outro método, como um grupo de discussão, tivesse ajudado a compreender as opiniões dos clientes sobre a presença da Cadbury nas redes sociais. Dito isto, não se considerou que influenciasse significativamente a interpretação dos resultados finais, em relação ao valor a ganhar com uma gama mais alargada de perguntas de amostra. Poderia ter sido útil ter perguntas que gerassem opiniões dos participantes sobre a empresa escolhida (Cadbury) para este estudo. Ao fazê-lo, deveria ajudar a fornecer informações sobre a forma como o valor é criado para a Cadbury, em termos do que está a fazer bem e de como pode melhorar a sua presença online. No entanto, as respostas ao inquérito utilizado neste documento deram os resultados desejados, nomeadamente os indicadores das condições prévias importantes para compreender quais os factores importantes a ter em conta para incorporar eficazmente as redes sociais como ferramenta de marketing numa empresa. Além disso, uma das principais desvantagens de colocar mais perguntas é criar um inquérito difícil, complicado e mais demorado de preencher e, potencialmente, ter mais respostas incompletas, especialmente quando não há recompensas pela participação no inquérito.

Assim, embora haja sempre espaço para melhorias, os resultados do inquérito mostraram ser adequados para obter e compreender quais as condições prévias importantes, para compreender quais as oportunidades que as redes sociais apresentam, para ter sucesso ao incorporá-las como uma ferramenta de marketing numa empresa. Todas as 21 perguntas incluídas no inquérito utilizado neste documento serão apresentadas individualmente, explicando por que razão foram escolhidas para serem incluídas no inquérito e que informação se esperava obter com a sua colocação.

Motivação para as perguntas incluídas no inquérito

Pergunta 1: *"Com que frequência utiliza os sítios das redes sociais?"*

Os sítios das redes sociais oferecem aos indivíduos a oportunidade de se apresentarem e de se ligarem a pessoas existentes e novas em linha. Por conseguinte, esta pergunta procura examinar a regularidade com que os participantes visitam vários sítios de redes sociais, a fim de determinar o comportamento de comunicação, como a seleção e a utilização dos meios de comunicação.

Pergunta 2: *"Que plataformas utiliza mais regularmente para aceder às suas contas nas redes sociais?"*

".... crescente maturidade da indústria móvel mudou basicamente a tradicional cadeia de valor verticalmente integrada para uma rede de valor" (Pousttchi & Hufenbach 2011: p.299). Isto sugere que o crescimento crescente da tecnologia digital é um fator importante que transformou o método de comunicação nas empresas. Esta pergunta pretendia investigar a forma como os participantes acedem às suas contas nas redes sociais. Ao fazê-lo, deveria ajudar a perceber qual a plataforma que proporciona o meio de comunicação mais eficaz para as empresas.

Pergunta 3: *Qual é o principal objetivo da sua visita ao sítio preferido das redes sociais?*

O principal objetivo desta pergunta é identificar os motivos dos participantes para visitarem sítios de redes sociais. Os motivos são definidos por Papacharissi e Mendelson como as "disposições gerais presentes que influenciam as acções das pessoas tomadas para a satisfação de uma necessidade ou desejo e comportamento" (Papacharissi & Mendelson: p.12).

8

Pergunta 4: *Se estivesse interessado em seguir uma empresa (por exemplo, uma marca de consumo) ou os seus produtos/serviços, como interagiria com ela nas redes sociais?*

A ideia subjacente a esta pergunta era investigar a forma como os participantes ou, mais especificamente, os clientes interagem com as empresas.

Pergunta 5: *Quanto tempo passa no Facebook por dia?*

Esta pergunta procura simplesmente investigar quanto tempo, em média, é gasto no Facebook pelos participantes.

Pergunta 6: *Segue alguma empresa no Facebook?*

A pergunta foi feita com o objetivo de investigar quantos participantes seguem a empresa escolhida para este estudo entre as várias empresas que os participantes seguem. Isto deve ajudar a identificar se os participantes fazem parte do grupo de pessoas que "seguem" a empresa escolhida (Cadbury) para este estudo nas suas plataformas de redes sociais, como o Facebook.

Pergunta 7: *Gosta de alguma empresa no Facebook?*

Esta pergunta foi feita com base na razão semelhante à pergunta 6, mas com um foco diferente, que é descobrir quantos participantes gostam da empresa escolhida (Cadbury) para este estudo entre as várias empresas que os participantes gostam. Isso deve ajudar a identificar se os participantes estão entre o grupo de pessoas que "curtem" a Cadbury no Facebook.

Pergunta 8: Quais são as empresas que segue?

Esta pergunta procura simplesmente identificar se os participantes seguem a empresa escolhida para este estudo (Cadbury), entre outras empresas que seguem e quantos dos participantes no estudo seguem a Cadbury.

Pergunta 9: *Quais são as empresas de que gosta?*

Esta pergunta procura investigar se os participantes *"gostam" da* empresa escolhida (Cadbury) entre outras empresas *de que "gostam"*, e quantos dos participantes no estudo *"gostam" da* Cadbury.

Pergunta 10: *Porque é que segue uma empresa?*

De acordo com Hoyer, Chandy, Dorotic, Krafft e Singh (2010), "a tecnologia proporcionou aos consumidores o acesso a quantidades ilimitadas de informação e a capacidade de comunicar com outros consumidores e empresas em qualquer parte do mundo" (Hoyer, Chandy, Dorotic, Krafft, Singh: p.283). Consequentemente, os clientes têm mais poder do que o habitual, o que aumenta o seu papel no processo de trocas com as empresas. Assim, esta questão procura investigar de que forma os clientes influenciam e obtêm uma situação "vantajosa para todos", quando "seguem" uma empresa. Ao fazê-lo, deverá ajudar a fornecer informações sobre a forma como a Cadbury deve envolver e conquistar novos fãs para a "seguirem", em todas as suas plataformas de redes sociais.

Pergunta 11: *Porque é que gosta de uma empresa?*

O raciocínio subjacente a esta pergunta é o mesmo que o da pergunta 10.

Pergunta 12: *Alguma vez fez uma publicação no mural do Facebook ou num fórum de discussão de uma empresa?*

Esta pergunta foi incluída para investigar em que categoria os participantes se inserem, por exemplo, se são meros espectadores ou completamente inactivos. Isto deverá ajudar a determinar quais os participantes/clientes que são realmente activos nas redes sociais.

Pergunta 13: *Se visse um concurso nas redes sociais de uma marca de consumo, que prémio o atrairia mais?*

Esta pergunta procura investigar o que chama a atenção dos participantes, mas também pretende reiterar o que mais envolve os utilizadores em linha.

Pergunta 14: *Faz tweets?*

Esta pergunta pretende simplesmente investigar a forma como os participantes se comportam no twitter.

Pergunta 15: *O que é que segue no Twitter?*

A ideia subjacente a esta pergunta era investigar a forma como os participantes formam uma interação social enquanto estão no Twitter.

Pergunta 16: *Com que frequência visualiza as redes sociais no seu dispositivo móvel?*

A razão subjacente à inclusão desta pergunta no inquérito é realçar a forma como os telemóveis também contribuíram para a transformação da forma como a informação está a ser distribuída, reorganizada e transmitida.

Pergunta 17: *Tem um blogue com regularidade?*

Esta pergunta foi incluída com o objetivo de ajudar a identificar o número de participantes que frequentemente escrevem em blogues.

Pergunta 18: *Que sítios de blogues utiliza habitualmente?*

A pergunta procura identificar os sítios de blogues que os participantes utilizam habitualmente, com a esperança de identificar o sítio de blogues mais popular, entre as várias opções dadas pelos participantes.

Pergunta 19: *Porque é que tem um blogue?*

Esta pergunta investiga os motivos que levam os participantes a criar blogues.

Pergunta 20: *Alguma vez escreveu um blogue na perspetiva de um consumidor?*

A razão subjacente a esta pergunta é identificar se os participantes interagem ativamente com as empresas, publicando comentários e críticas sobre os seus produtos e/ou serviços.

Pergunta 21: *O que é que não gosta nas redes sociais?*

A pergunta procura investigar as limitações dos meios de comunicação social, fornecendo assim uma visão dos desafios que se colocam quando as empresas incorporam os meios de comunicação social.

Capítulo 3. Recolha de dados secundários - Revisão da literatura

A revisão da literatura realizada durante a redação deste trabalho foi feita através de uma pesquisa de artigos académicos relevantes em bases de dados on-line e livros. O objetivo desta pesquisa foi predominantemente explorar o que e quanto foi contribuído para o tema abordado neste trabalho, e também encontrar artigos académicos e livros com áreas de investigação semelhantes.

Há vários artigos e académicos que examinaram o conceito de usabilidade das redes sociais em muitos contextos diferentes, como a vigilância, o controlo, a privacidade, etc. Por exemplo, a sua interatividade e interação, as questões de privacidade, o seu crescimento e a enorme oportunidade que representa para ter acesso a informações valiosas disponíveis em primeira mão e em tempo real, entre outros. No entanto, percebeu-se muito cedo que o crescimento dos meios de comunicação social e da tecnologia digital é enorme e que era necessário que as empresas o envolvessem nas suas práticas empresariais para partilharem os benefícios das oportunidades que apresenta. Assim, foi útil considerar alguns autores em particular que fornecem argumentos relativos que servem de base a vários conceitos discutidos neste documento.

Além disso, o artigo de Papacharissi sobre a combinação da perspetiva dos usos e gratificações com elementos da abordagem das redes sociais também foi escolhido para ser incorporado. A razão subjacente a esta decisão prende-se basicamente com o interesse em investigar por que razão as pessoas utilizam a Internet e as redes sociais, e com que frequência os indivíduos utilizam os meios de comunicação e o seu conteúdo para satisfazer necessidades sentidas. O argumento, porém, é que a teoria da utilização e da gratificação é uma abordagem psicológica e foi analisada em profundidade por académicos como Papacharissi e outros, nomeadamente Katz, Blumler e Rubin. Além disso, o aparecimento das tecnologias digitais e dos meios de comunicação social tornou possível que uma pessoa tenha uma plataforma para comunicar com potencialmente milhões de outras pessoas em todo o mundo sobre produtos e as empresas que os fornecem. Isto é possível através de plataformas mediáticas de grande escala que oferecem essa escala de clientes auto-selecionados, desejosos de partilhar conteúdos, notícias, memórias e recomendações sobre as empresas e os seus produtos. Além disso, isto permite direcionar estes clientes com base nas suas preferências e comportamentos reais. Assim, quase não é uma opção para as empresas comercializarem-se em linha e através dos meios de comunicação social, na medida em que se tornam uma necessidade para os utilizadores e outros potenciais membros do público. Ao tornarem-se uma necessidade, as empresas conseguem aumentar o conhecimento da sua marca e criar uma fidelidade à marca com impacto junto dos seus utilizadores.

Esta literatura inclui também a investigação de académicos como Li e Bernoff. Estes autores dividem as redes sociais em seis categorias e explicam a realidade das empresas que incorporam as redes sociais. Além disso, é explorada e clarificada uma ênfase nas melhores práticas das campanhas de marketing viral. Por último, as melhores práticas das redes sociais são transmitidas para ajudar as empresas a tornarem-se um desejo ou uma necessidade.

Teoria dos usos e gratificações

A teoria dos usos e gratificações ajuda a descrever e a compreender as utilizações da Internet e dos media por um indivíduo, bem como as suas consequências. Apesar de esta teoria ter sido originalmente desenvolvida para compreender os meios de comunicação sob a forma de televisão, a perspetiva U & G foi revista pelos académicos e é também aplicável para compreender os meios de comunicação social. Conforme resumido por Papacharissi através dos seus "ajustes teóricos" e "conceptuais", a teoria contemporânea dos usos e gratificações preocupa-se com:

(a) "communication behavior, including media selection and use, is goal-directed, purposive, and motivated";
(b) "people take the initiative in selecting and using communication vehicles to satisfy felt needs or desires";

(c) "a host of social and psychological factors mediate people's communication behaviour"; (d) "media compete with other forms of communication (i.e., (d) "os media competem com outras formas de comunicação (ou seja, alternativas funcionais) na seleção, atenção e utilização para satisfazer as nossas necessidades e desejos"; (e) "as pessoas são normalmente mais influentes do que os media na relação, mas nem sempre" (Zizi Papacharissi, p.3).

Em resumo, a teoria dos usos e gratificações investiga a forma como os indivíduos utilizam os media de um ponto de vista psicológico. Cinco fundamentos teóricos presentes neste modelo são explicados a seguir:

Os meios de comunicação social são apresentados de uma forma ideal que é dirigida e utilizada pelo que os meios de comunicação social oferecem ao membro da audiência.

1. A experiência mediática é dirigida e consumida pelo que oferece ao público-alvo.

2. Os indivíduos selecionam o modo de comunicação mais adequado às suas necessidades e/ou expectativas.

3. Os media competem com outras fontes de satisfação de necessidades, sejam elas sociais ou psicológicas.

4. Os indivíduos podem detetar e expor os seus interesses e motivos em casos específicos.

5. Por vezes, os indivíduos podem ser mais influentes do que os meios de comunicação social, mas nem sempre.

O consumo dos meios de comunicação social baseia-se em vários elementos essenciais e três capacidades principais são o ponto focal. Inclui: gestão da comunidade, desenvolvimento de conteúdos e análise em tempo real, permitindo às empresas desenvolver ligações poderosas, diretas e multiplataformas com os consumidores que querem envolver-se com a marca (Christopher Vollmer & Karen Premo, 2011). As gratificações podem ser obtidas através das três fontes, considerando as três fontes acima mencionadas.

Os académicos Anabel Quan-Haase e Alyson L. Young identificaram fontes de gratificação para a utilização da Internet entre indivíduos no seu estudo comparativo de 2010 sobre o Facebook e as mensagens instantâneas. Os seus resultados concluíram que o Facebook tem como objetivo a diversão e o conhecimento das actividades sociais que ocorrem na rede social de cada um, ao passo que as mensagens instantâneas estão mais orientadas para a manutenção e o desenvolvimento de relações.

A utilização da Internet para a socialização foi um fator muito salientado na sua análise e está associada ao reforço das relações interpessoais. Neste aspeto, os resultados identificam a utilização da Internet como um método de comunicação. Em 2010, os sítios de redes sociais já tinham sido largamente adoptados pelos utilizadores da Internet.

Onda de terra

Não há dúvida de que os sítios de redes sociais registaram um enorme crescimento em linha através da Internet, com um aumento particular do crescimento nos últimos tempos, captando, no entanto, a atenção dos utilizadores da Internet à escala mundial. Com as plataformas a mudar diariamente, existe a possibilidade de o que é utilizado hoje poder estar indisponível amanhã. Tendo em conta os milhões de utilizadores que interagem e participam diariamente na experiência em linha, não é surpreendente que as empresas tenham começado a utilizar os sítios de redes sociais para comunicar, desenvolver uma relação e mostrar-se aos seus públicos-alvo. Com experiências em linha ricas em conteúdo que envolvem atualmente milhões de fãs e clientes interessados, marcas notáveis como a Nike, a Coca-Cola, a Procter & Gamble e a Burberry, para citar algumas, são algumas das empresas respeitáveis que começaram a utilizar os sítios de redes sociais nas suas práticas de marketing para promover a comunicação e a relação com os clientes, entre outras. As empresas acima mencionadas e outras precisam de estar atentas a que redes se relacionam bem com que público. Muitos utilizadores acedem ao perfil das redes sociais das empresas através de diferentes formas para satisfazer as suas necessidades. Os perfis da Cadbury no Facebook, Twitter, Google Plus e YouTube incluem comentários com análises de produtos e relatos pessoais de experiências de serviço ao consumidor. Por vezes, os perfis nas redes sociais têm a possibilidade de ser mais influentes do que os próprios meios de comunicação social.

É útil notar que muitas empresas, se não todas, são vulneráveis quando se trata de redes sociais. Empresas como a Nike e a Coca-Cola estão a prosperar à luz dos meios de comunicação social e a beneficiar enormemente desta tendência atual. Charlene Li e Josh Bernoff descrevem no seu livro os vários meios de comunicação social e como comunicar em cada um deles.

Várias coisas podem estar a mudar nos sítios de redes sociais, mas algo que nunca muda é a forma como os clientes são comunicados e alcançados. *"Groundswell: Winning in what a World Transformed by Social Technologies"*, de Charlene Li e Josh Bernoff, esclarece o que os meios de comunicação social podem fazer por uma empresa: mal ou bem, e também propõe conselhos estratégicos para as empresas que incorporam várias plataformas de meios de comunicação social. Fornece uma base sobre a qual as empresas podem construir uma presença em linha eficaz.

Li e Bernoff definem o "groundswell" como "uma tendência social em que as pessoas utilizam as tecnologias para obterem as coisas de que necessitam umas das outras, em vez de o fazerem através de instituições tradicionais como as empresas" (Li e Bernoff 2008: p.9).

O maior perigo que a onda de emoções representa para muitas empresas é o facto de não estar regulamentada. Os clientes, os fãs e outras empresas são livres de expressar qualquer emoção que tenham em relação a uma marca, serviço ou produto. Isto, por si só, pode servir de manchete de notícias transmitidas na televisão ou noutro local. Este facto conduz a um desastre de relações públicas para qualquer empresa, mesmo que as acusações tenham uma causa legítima. Muitos comentários são críticas duras dirigidas a uma empresa que, por vezes, envolvem o uso incorreto da linguagem e permanecem para sempre na Internet.

Outro perigo que se coloca é a ameaça de uma dinâmica de poder dentro de uma empresa. Com as interações sociais em grande escala e a tecnologia a servir de amortecedor, os indivíduos estão a ficar constantemente capacitados por estarem "quase sempre ligados" em linha e fora de linha. No entanto, é útil notar que os clientes dependem uns dos outros para obter informações através da Internet e muitos obtêm feedback de outros antes de comprarem um produto, investirem numa propriedade, fazerem uma interpretação da marca de uma empresa e até debaterem a comunicação interna de regras numa empresa.

No entanto, existem aspectos positivos, que incluem a criação e manutenção de uma relação com os clientes e a conquista de mais clientes no processo. As vias de comunicação são deixadas totalmente abertas, dando à empresa e ao cliente a oportunidade de interagirem de perto. Outra vantagem dos meios de comunicação social são os resultados em tempo real que fornecem; por outro lado, um inquérito demoraria semanas e, por vezes, meses a recolher.

Muitas plataformas têm pouco ou nenhum custo, o que é um bónus adicional. A participação e o envolvimento nos meios de comunicação social são vitais para o sucesso e uma boa comunicação com o público-alvo de uma empresa pode melhorar o posicionamento da marca e o envolvimento dos clientes.

Li e Bernoff definem os utilizadores das redes sociais em seis categorias com o seu perfil tecnográfico social, que incluem

Criadores: Estes indivíduos estão no topo da escada da tecnografia social. Isto é o resultado da sua participação ativa através da escrita e publicação de artigos e histórias em linha, etc.

Críticos: Os críticos respondem ao conteúdo em linha disponível fazendo comentários em blogues e fóruns em linha (por exemplo, salas de conversação, YouTube), dando classificações ou críticas e ou fazendo edições em wikis.

Coleccionadores: Guarde URLs e etiquetas em sítios de marcação social, vote em sítios como o Digg ou utilize feeds RSS.

Aderentes: Os indivíduos considerados "aderentes" participam regularmente ou mantêm perfis em sítios de redes sociais, incluindo o Facebook e o MySpace, entre outros.

Espectadores: Ser um espetador exige muito pouco esforço - os indivíduos desta categoria "consomem o que os outros produzem", incluindo blogues, vídeos online e críticas.

Inactivos: Estes indivíduos são literalmente o que parecem, são "não-participantes" dentro da onda de base.

As empresas que participam nas redes sociais utilizam predominantemente canais do YouTube, Facebook, blogues e Twitter. Os membros da audiência podem determinar a(s) plataforma(s) que uma empresa pode utilizar. Os sítios de redes sociais são úteis para realizar concursos, participar em conversações, manter o público-alvo atualizado sobre o desenvolvimento da empresa, divulgar novos produtos e ter uma presença em linha. Ter uma presença ativa em muitos sítios de redes sociais permite que as empresas se relacionem com um público mais do que suficiente, ao mesmo tempo que se ligam a membros dos perfis tecnográficos das redes sociais. Há uma série de sítios de redes sociais proeminentes que as empresas utilizam para comunicar com o seu público. Embora existam diferentes grupos de público activos em diferentes sítios de redes sociais, o Facebook, o Twitter e o YouTube são plataformas habitualmente utilizadas pelas empresas para comunicar com o seu público.

Co-criação

"A oportunidade de criar valor económico através da criação de valor social será uma das forças mais poderosas que impulsionam o crescimento da economia global (Porter e Kramer 2011:p.15)."

Numa economia global em que o avanço tecnológico está a sensibilizar os clientes, mas também a capacitá-los através da crescente quantidade de informação acessível aos clientes, que lhes permite trocar bens e serviços com base na partilha de informação. Consequentemente, é impossível para as empresas criar valor económico sem incluir todos os seus intervenientes (especialmente os clientes), prestando muita atenção aos seus interesses e necessidades. A citação acima foi retirada de um artigo escrito por Porter & Kramer (2011), onde é discutida a importância de todos os actores criarem um valor partilhado. O argumento central do artigo é que os benefícios da economia global só podem ser obtidos pelas empresas que criam valor para e com os seus clientes, bem como com a sua sociedade, em vez de se concentrarem apenas em actividades centradas na empresa e trabalharem contra a colaboração.

A ideia dessa vantagem económica, que tem origem nas empresas que estão envolvidas no valor partilhado, sublinha os pontos que serão abordados nesta secção do documento. Embora a criação de valor social através de acções respeitadoras do ambiente seja talvez um fator que algumas empresas podem dar-se ao luxo de ignorar, este aspeto não será discutido no presente documento. No entanto, esta secção do documento considera as possibilidades que existem para criar valor económico através da colaboração com os clientes.

A co-criação de valor pelo cliente surgiu da ideia de que o valor é perdido por várias empresas que ainda não reconheceram as vantagens económicas de ter uma relação mais próxima com os clientes.

O mundo evoluiu, mudou e está a mudar, e a forma como vemos o mercado empresarial hoje é muito diferente da forma como o veríamos há um século. Com o tempo, o papel e os aspectos de mudança entre empresas e clientes alteraram-se e o cliente deixou de ser submisso para se tornar um participante ativo e poderoso. Por conseguinte, no mercado atual, os clientes podem optar por desempenhar o papel de comunicador, concorrente ou colaborador, de acordo com os seus desejos. Num ambiente empresarial em desenvolvimento, com uma maior globalização, avanços tecnológicos e interação disponível através da presença em linha, não só o papel dos clientes está a mudar, como também o das empresas. De um ambiente em que "a empresa e o consumidor tinham papéis distintos de produção e consumo (Prahalad & Ramaswamy 2004:p.6)", as empresas encontram-se agora num ambiente que é visto como um conjunto de conversas entre o cliente e a empresa.

O aspeto interessante da co-criação de valor pelo cliente é o facto de se ter desenvolvido a partir da noção de que o ambiente empresarial está a evoluir. Para sobreviverem, as empresas têm de ser flexíveis e adaptar-se à situação atual e identificar a forma de criar uma vantagem competitiva e rentável.

Campanhas de marketing viral

Embora grande parte deste documento se centre na forma como os novos meios de comunicação social transformaram os métodos de marketing, onde as antigas regras de marketing já não são admiradas. A Cadbury, ao criar e ter uma base de fãs apaixonados pela sua marca online, tem de reconhecer que o poder da Internet torna mais fácil para as pessoas apaixonarem-se pela sua marca muito mais rapidamente. É a isto que Geoffrey J. Simmons se refere quando diz que a natureza global e a facilidade de comunicação online fazem da Internet uma poderosa ferramenta de marketing viral (Simmons 2007:p.551), o que significa que a Internet é especialmente vital para se tornar viral.

O marketing viral é um aspeto importante e útil do marketing; é útil para melhorar o patrocínio da marca, mas também para aumentar o conhecimento da marca. Por outras palavras, o sucesso do marketing viral advém da auto-publicação de conteúdos Web que as pessoas querem partilhar. Não se trata de truques. Não se trata de pagar a uma agência para interromper os outros. Trata-se de aproveitar a palavra do rato, a forma de marketing mais poderosa que existe (David Meerman Scott 2008:p.9).

Da mesma forma, outros, incluindo Kirby e Marsden, delinearam três factores-chave que aumentam a probabilidade de uma campanha de marketing viral bem sucedida:

- Planeamento estratégico especializado para garantir que o marketing viral é utilizado para proporcionar benefícios tangíveis, mensuráveis e contínuos para a marca.

• Material adequado com fator "uau", que os utilizadores queiram procurar, falar sobre e transmitir por sua própria vontade.

• Semeadura especializada adequada da história de buzz e do agente viral em locais onde os influenciadores virais e de marca já se reúnem (Kirby & Marsden 2006:p.96 & 97).

É importante notar que os factores referidos pelos estudiosos acima podem ter impacto, mas podem não garantir o êxito de uma campanha de marketing viral. Os factores referidos por David Meerman Scott e Kirby e Marsden estão estreitamente relacionados com os modelos de utilização e satisfação, também conhecidos como teoria da gratificação, em que os utilizadores se envolvem em interações sociais e pretendem encontrar informações sobre temas específicos, indivíduos ou marcas. O marketing viral também dá a uma empresa a oportunidade de se promover de forma positiva, ou seja, de tornar a sua mensagem memorável.

Numa série de marketing digital apoiada pela HubSpot, Lauren Drell, do Mashable, apresenta nove dicas de marketing digital no seu artigo no sítio Web do blogue:

1. Ser humano.

É importante estar envolvido na conversa, mas não controlar nada. Além disso, é importante desenvolver uma tendência com o seu público. O facto de várias pessoas publicarem comentários sobre um produto na mesma página e na mesma conta pode contribuir para isso.

2. Saber o que se quer.

É sensato definir metas e objectivos antes de entrar nas redes sociais. Pretende medir o sentimento ou o número de comentários, tweets e seguidores?

3. Ouvir e responder.

Não há nada mais irritante para os clientes quando fazem perguntas sem receberem uma resposta. É importante manter a ligação com os utilizadores dentro e fora das redes sociais.

4. Diversifique e acelere o seu conteúdo.

Identificar o que publicar não deve ser problemático. Estar atento ao que os seus seguidores estão a partilhar e a discutir deve ajudar a criar interações e publicidade em nome da empresa. Também é importante acelerar o seu conteúdo, como escreve Lauren Drell, "Ninguém quer ouvir uma marca mais do que ouve os seus amigos ou familiares."

5. Injecte-se na conversa.

Concentre-se nas informações relativas à sua empresa. Se acontecer algo interessante, como uma nova campanha, vale a pena partilhar! A conversa interactiva entre a empresa e os seus seguidores desenvolve uma relação, para além de aumentar a credibilidade da marca.

6. Obter feedback em tempo real.

A transmissão de informações para os sítios certos pode ser extremamente útil. Isto pode ajudar a equipa de marketing a decidir o que está a criar um "burburinho". Além disso, as redes sociais podem ser monitorizadas para detetar padrões de crescimento. Os utilizadores estão envolvidos? As contas estão a ser preenchidas com fãs/seguidores?

7. Conheça o seu público.

Para a maioria das empresas, os públicos são diferentes. A familiaridade com o público é importante para criar uma presença online duradoura. Para as megaempresas, também é importante saber quem é e onde está o seu público. Garantir que todos os utilizadores podem beneficiar do conteúdo que publica.

8. Conhecer as plataformas.

Todas as plataformas de redes sociais não são intermutáveis; todas têm objectivos diferentes e são igualmente diferentes.

9. Criar uma experiência centrada no utilizador.

O marketing passou do seu método tradicional unidirecional para um novo método mais dinâmico. As marcas são agora capazes de participar ativamente em conversas com os clientes. Tornar a presença online e offline sobre os desejos e necessidades do cliente deve ser o núcleo de cada marca. Os utilizadores que re-tweetam tweets, convidam amigos a tornarem-se seguidores da sua marca no YouTube, Facebook e Google+, para mencionar alguns, tornam-se embaixadores da sua empresa. Utilizadores como estes devem ser reconhecidos.

Capítulo 4. Cadbury: História

A Cadbury foi fundada há quase 200 anos por John Cadbury em 93 Bull street, Birmingham, na década de 1830. Durante a década de 1830 e o início de 1900, a Cadbury cresceu rapidamente através da construção de casas de campo, da aquisição de hectares de terrenos e da aquisição de novas gamas de produtos, como o chocolate de leite Cadbury. No início de 1900, a Cadbury começou a envolver-se em publicidade exterior e na imprensa, produzindo alguns dos melhores anúncios durante este período. Em 1905, a Cadbury encomendou o seu primeiro logótipo Cadbury.

Campanhas de marketing anteriores

Como explicado acima, a Cadbury criou recentemente uma campanha nas redes sociais chamada "Cadbury House experience", em que utiliza a dwinQ para uma experiência hiper-social nos jogos de Londres em 2012, enviando alguns dos seus funcionários para trabalhar com a dwinQ na criação de uma experiência interactiva nas redes sociais, na sua presença nos jogos de Londres. O evento foi realizado na Cadbury House, no Hyde Park, em Londres. A equipa utilizou várias plataformas de redes sociais como o Facebook, YouTube e Newsfeed para documentar a sua viagem e revelar o que faz as pessoas felizes em todo o mundo.

A Cadbury também lançou várias quantidades dos seus produtos através das redes sociais (por exemplo, página do Facebook, Twitter e Google Plus); os produtos incluem as barras de leite Cadbury Dairy, Toffee Popcorn e Golden Biscuit Crunch. Além disso, de acordo com Sarah Shearman, a Cadbury também comprou uma tendência promovida chamada "#newcadburydairymilk" para publicitar especificamente as barras acima mencionadas.

A Cadbury teve um impacto real em termos de marketing nas redes sociais, mas também com a possibilidade de o alargar ainda mais. Este documento ajudará a ilustrar a forma como a Cadbury consegue manter-se no topo da lista no que respeita ao marketing digital. É possível que, com os factos abordados neste documento, a Cadbury se tenha tornado uma necessidade e um desejo para muitos utilizadores da Internet e não só. Os próprios utilizadores procuram agora voluntariamente a Cadbury em várias plataformas e tornaram-se embaixadores da marca para a empresa a uma escala global.

Cadbury e as redes sociais

"O crescimento nas redes sociais tem sido orgânico, mas como marca de produtos de grande consumo, o que nos interessa é a escala, chegar a milhões de pessoas e isso é difícil de fazer sem ter um certo nível de meios de comunicação no Twitter."

Jerry Daykin,

Gestor de redes sociais e da comunidade na Cadbury London 2012.

Instantâneo da presença nas redes sociais

A Cadbury está ativa em várias plataformas de redes sociais. No sítio Web da empresa, existem ligações que levam o espetador a cada um dos sítios de redes sociais em que a empresa está envolvida.

Recentemente, a página inicial tem "botões" que ligam os utilizadores aos perfis da Cadbury no Google+, Twitter e Facebook.

Fãs, amigos e seguidores*

Google Plus: 3.070.865 "Tê-los em círculos"

1,997 "Nos seus círculos"

Twitter: 168.851 "Seguidores"

5 333 "A seguir"

21 911 "Tweets"

Facebook: 468.594 "Gostos"

14.276 "Falar sobre isto"

YouTube: Aderiu em 22 de junho de 2008

1.399 subscritores

1.486.061 Visualizações do canal

As estatísticas são exactas à data de 13 de outubro de 2013. As contagens aumentam diariamente e recomenda-se a leitura para reunir novos dados.

Os comentários no Twitter, no Facebook e no Google+ são muito conversacionais, interactivos e raramente têm uma atmosfera publicitária. Existe particularmente um elemento de comunidade partilhado no site Google Plus da Cadbury. A interação através do YouTube é regular; os novos vídeos são actualizados com frequência. No Facebook, por exemplo, a Cadbury tenta reduzir os efeitos do ambiente não regulamentado do groundswell criando "Regras da Casa" para aqueles que desejam comunicar com a Cadbury na página:

https://www.facebook.com/CadburyUK/info

(Regras da Casa da Cadbury UK)

- No período que antecede Londres 2012, a Cadbury está a jogar e a manter a Equipa GB animada. Aqui no Facebook queremos ter a certeza de que todos jogam bem, se respeitam uns aos outros e compreendem as diretrizes sobre a participação na atividade desta página.

Mais do que nunca, as empresas estão a começar a implementar políticas de redes sociais dentro da sua organização para monitorizar a utilização pelos funcionários, mas também para regular externamente o spam, o conteúdo ofensivo e as "conversas fora do tópico", como refere a Cadbury nas suas "Regras da Casa", para aqueles que desejam interagir com eles na sua página de fãs do Google Plus.

Abaixo encontra-se a atividade da Cadbury nas redes sociais nos últimos anos. Desde 2011, por exemplo, a Cadbury registou um crescimento acentuado em todos os seus canais de redes sociais, com o Facebook a encher-se de "gostos" e "seguidores" diariamente, o mesmo se podendo dizer do Twitter e, talvez ainda mais, da sua página no Google Plus. Com conteúdos apelativos, conversas exclusivamente envolventes e uma promoção ativa, a atividade da Cadbury no Google+ liga mais de 1,2 milhões de pessoas.

Um dia nas redes sociais

Sobre a Cadbury	Acerca do Google+
• Fundada em 1824 • Propriedade da Kraft Foods • Um dos principais nomes do mundo em chocolate	O Google+ traz os benefícios das recomendações pessoais para a Pesquisa Google e para os anúncios, fornecendo recomendações quando as pessoas mais precisam delas e facilitando o início de conversas com aqueles que se interessam pela sua marca. A ligação do seu site à sua página unifica os seus +1's na pesquisa, nos anúncios, na sua página do Google+ e na sua página inicial.

• Com sede em Bournville, Birmingham, Reino Unido	As páginas do Google+ permitem-lhe partilhar o seu conteúdo com novos públicos e ligar-se a eles de formas mais envolventes. *Para saber mais sobre as Páginas do Google+, visite www. google. com/+/business*
"Fizemos pesquisas no Google+ durante algum tempo antes de as nossas páginas serem lançadas e todos os dias víamos que as pessoas estavam a falar da Cadbury e do chocolate e da Jogos Olímpicos. Por isso, já existia uma plataforma onde estavam a decorrer conversas relevantes para nós; apenas pudemos intervir e fazer parte delas de uma forma positiva." *- Jerry Daykin, Diretor da Comunidade dos Media Sociais, Cadbury*	*"Uma das coisas interessantes do Google+ é que todos os dias entramos no sistema e há coisas novas e divertidas para experimentar. Como profissionais de marketing, é sempre importante ter novas formas de comunicar e fazer passar a nossa mensagem."* *- Jerry Daykin, Gestor da Comunidade dos Media Sociais, Cadbury*
Resultados Através do Google+, os seguidores da Cadbury, os cliques e o tráfego estão a aumentar: • Aumentou o número de seguidores em 150 000 através de hangouts • 10 000 novos seguidores por dia graças ao crachá • 17% de aumento na CTR nas campanhas do AdWords • Aumento de 7,5% do tráfego proveniente de URLs do Google • Contribuiu para que o Bubbly bar atingisse vendas de 8 milhões de libras desde o lançamento do produto Em mais de 500 mensagens, a página da Cadbury no Google+ registou números impressionantes: • Total de +1s nas mensagens: 39,759 • Média de +1s por publicação: 74.4 • Total de acções: 11,243 • Média de partilhas por publicação: 21.3 • Total de comentários: 18,182 • Média de comentários por publicação: 34.5 • Publicação mais popular: 495	https://www.facebook.com/CadburyUK Facebook: 468.594 "Gostos" 14.276 "Falar sobre isto" 245.000 "fãs" *Fonte: Sarah Shearman.* ** As estatísticas são exactas a partir de 15 de novembro de 2013. As contagens aumentam diariamente e recomenda-se a leitura para reunir novos dados.* https://twitter.com/CadburyUK 173.192 "Seguidores" 5 333 "A seguir" 21 911 "Tweets"

comentários e 902 partilhas	
Tendências do Twitter Meteorologia Notícias meteorológicas diárias, informações, vídeos e alertas do The Weather Channel. #walefans #walefans Sou professora do 5º ano. 25 anos de idade; ex-aluna da VSU e VCU RT @Wale: O que é que tu fazes para viver #walefans	-A Cadbury afirma ter acrescentado 2,5 milhões de fãs e seguidores aos seus canais de redes sociais no Reino Unido no Facebook, Twitter e Google+, que são dedicados ao conteúdo dos Jogos, desde o início do ano. *(Fonte:* http://www.marketingmagazine.co.uk/article/1147152/cadburys-olympic-sponsorship-leads-25m-social-media-fans)

Vic Gundotra originally shared this post

I'm a sucker for chocolate

So when I received this package, of course I was willing to tell the world how much I love -Cadbury UK chocolate

The personalized packaging was also a nice touch :)

I don't think this is a paid advertisement as I've not had a single bite yet :)

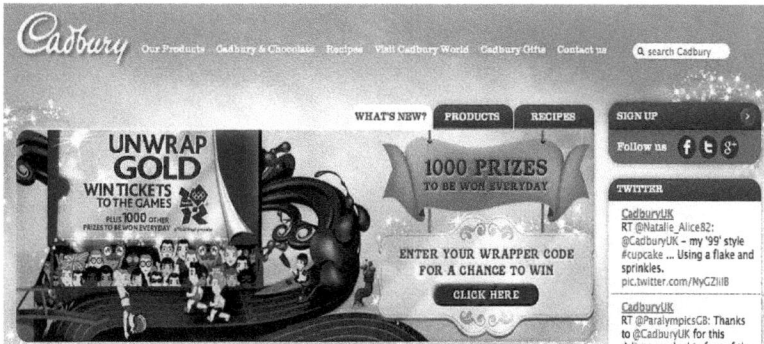

Google   cadbury unwrap gold

Search   About 102,000 results (0.33 seconds)

Everything

Images   Ad related to **cadbury unwrap gold**   Why this ad?

Unwrap Gold with **Cadbury** | home.**cadbury**.co.uk
home.**cadbury**.co.uk/
Maps   Enter your pack code for a chance to win 1000's of **Cadbury** prizes!
1,876 people +1'd Cadbury UK

Videos

Google   +cad

         Cadbury UK · plus.google.com
         Official Treat Provider to the London 2012 Olympic & Paralympic Games.

         cad**bury world**
         cad**bury**
         cad**ogan hall**

Em cima: O emblema do Google+ na página inicial da Cadbury; as extensões sociais melhoram os resultados de pesquisa; a funcionalidade de ligação direta em funcionamento.

"Experiência Cadbury House"

A descrição da experiência da Cadbury House é apresentada acima, mas parece que isto é apenas um começo para a presença online e digital da Cadbury, porque os meios digitais e sociais estão bem interligados. A recente campanha da Cadbury nas redes sociais ainda está a começar, porque parece haver mais questões que precisam de ser respondidas para se aprofundar no domínio das redes sociais. Simplesmente porque vai querer chegar a mais clientes potenciais para além dos que já tem, pelo que, para o conseguir, tem de abordar questões relacionadas com a compreensão dos meios de comunicação social e trazer satisfação e conveniência aos seus clientes imediatamente.

Capítulo 5. Recolha de dados - Inquérito aos participantes sobre a experiência e a utilização das redes sociais

A representação dos dados recolhidos no inquérito para este trabalho é feita sob a forma de um gráfico, exceto no caso da pergunta 1, em que o investigador optou por apresentar os dados relativos a esta pergunta específica centrando-se principalmente em dois critérios das opções de resposta que são "Todos os dias" e "A maior parte dos dias".

Questão 1

Com que frequência utiliza os sítios das redes sociais?

Um total de 108 dos 150 participantes responderam que utilizam o Facebook todos os dias. Em comparação com o YouTube, 74 participantes responderam que utilizam o YouTube todos os dias. Enquanto que zero participantes responderam que utilizam o MySpace e, noutros casos, apenas 4 participantes responderam que utilizam o LinkedIn. Esta variação sugere que o Facebook é o sítio de rede social mais popular, que os utilizadores em linha utilizam para desenvolver e manter laços sociais.

Questão 2

Que plataformas utiliza mais regularmente para aceder à sua conta nas redes sociais?

"Sim" é utilizado para representar as respostas dos participantes que identificaram a(s) plataforma(s) que normalmente utilizam para aceder às suas contas nas redes sociais. Enquanto que "Não" é utilizado para representar as respostas dos participantes que não escolheram uma plataforma específica para aceder às suas contas nas redes sociais.

Os números mostram que 63 participantes acedem às suas contas nas redes sociais através de PC/Mac, enquanto 99 participantes afirmaram utilizar um computador portátil. 135 participantes acedem às suas contas nas redes sociais através de telemóvel, mas apenas 42 participantes acedem às suas redes sociais através de Ipad ou tablet.

Com base no que os números mostram, é evidente que os dispositivos móveis estão a tornar-se cada vez mais importantes no domínio da comunicação.

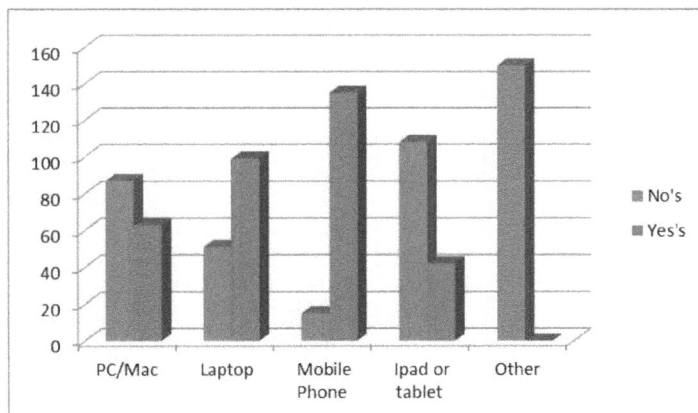

Questão 3

Qual é o seu objetivo ao visitar o seu sítio preferido das redes sociais?

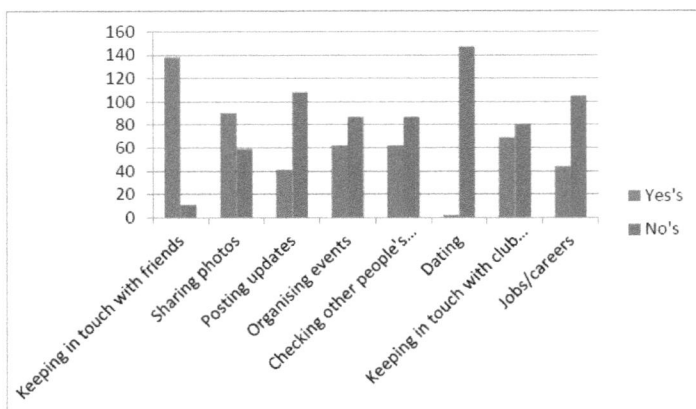

"Sim" é utilizado para representar os casos em que os participantes optaram por identificar uma das opções acima como a sua finalidade para visitar um sítio de redes sociais preferido. Por outro lado, "Não" é utilizado para representar as respostas dos participantes que não escolheram uma determinada opção de resposta para identificar o objetivo da sua visita a um determinado sítio de redes sociais.

Os números mostram que 138 em 150 participantes responderam que "manter o contacto com os amigos" era o objetivo da sua visita a um sítio de rede social preferido, enquanto 90 participantes responderam que "partilhar fotografias" era o objetivo da sua visita a um sítio de rede social preferido. Além disso, apenas 41 participantes responderam que "Publicar actualizações" era o objetivo da sua visita a um sítio de uma rede social preferida, enquanto 62 participantes responderam igualmente que "Organizar eventos" e "Ver o perfil de outras pessoas" era o objetivo da sua visita a um sítio de uma rede social. Além disso, apenas dois participantes responderam que "Namorar" era o objetivo da sua visita a um sítio de comunicação social preferido e 69 participantes responderam que "Manter-se em contacto com o clube ou a comunidade" era o objetivo da sua visita a um sítio de comunicação social preferido. Por último, 44 participantes responderam que "emprego/carreira" era o objetivo da sua visita a um sítio de comunicação social preferido.

O que se pode dizer sobre as respostas dos participantes a esta pergunta é que uma grande parte dos participantes, bem como outros utilizadores em linha, consideram os sítios das redes sociais, como o Facebook e o Twitter, um ambiente onde podem manter relações com o seu grupo de amigos e conhecidos, tal como fazem offline.

Questão 4

Se estivesse interessado em seguir uma empresa (por exemplo, uma marca de consumo) ou os seus produtos/serviços, como iria interagir com ela nas redes sociais?

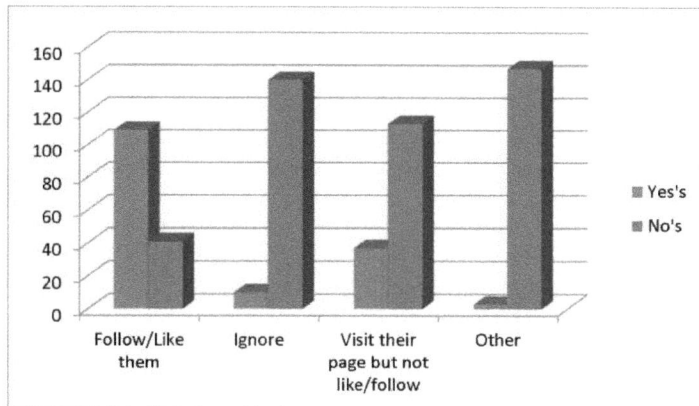

Os números mostram que 109 participantes identificaram que "seguir/gostar deles" é a sua forma de interagir com uma empresa que estão interessados em seguir. 10 participantes responderam dizendo que "ignorar" é a sua forma de interagir com uma empresa que estão interessados em seguir. Enquanto 37 participantes responderam dizendo que simplesmente "visitam a página, mas não gostam/seguem", e 3 participantes responderam dizendo "outro": onde identificaram que interagem com uma empresa que estavam interessados em seguir por correio eletrónico ou mensagem pessoal.

*Uma caraterística importante que se revela nas respostas dos participantes a esta pergunta é que os participantes no estudo, bem como outros utilizadores em linha, querem simplesmente utilizar as redes sociais para satisfazer os seus desejos e necessidades sem serem interrompidos por muitos anúncios desnecessários que lhes são dirigidos.

Questão 5

Quanto tempo passa no Facebook por dia?

83 participantes responderam que passam menos de uma hora no Facebook por dia. 51 participantes identificaram que passam entre uma e três horas por dia no Facebook, enquanto apenas 8 participantes passam entre três e seis horas por dia no Facebook. Por último, apenas 5 participantes passam mais de seis horas por dia no Facebook.

Com base nos dados acima apresentados por todos os participantes, gasta-se em média 36,75 horas por dia no Facebook. Isto indica que muitos utilizadores em linha passam uma grande parte do seu tempo diariamente a verificar as suas páginas do Facebook, a enviar mensagens, a publicar novas fotografias, a atualizar os seus próprios perfis, etc.

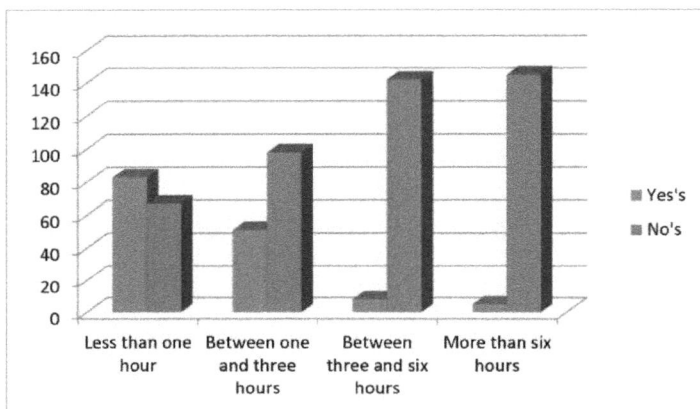

Questão 6

Segue alguma empresa no Facebook?

Decidiu-se que as perguntas 6 e 7 seriam analisadas em conjunto, uma vez que é mais fácil para o investigador apresentar os dados desta forma.

63 dos 150 participantes responderam que seguem uma empresa no Facebook.

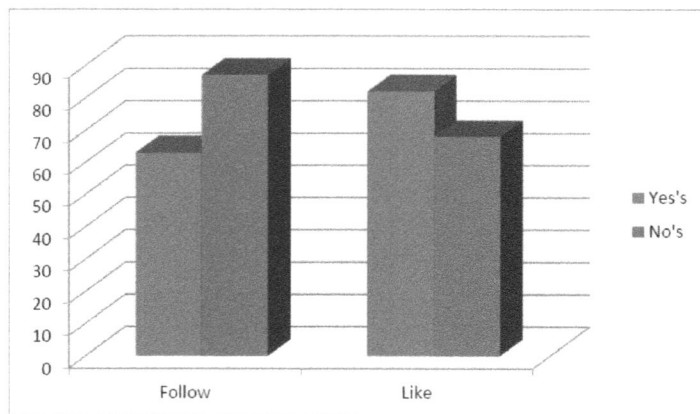

Questão 7

Gosta de alguma empresa no Facebook?

Ver acima a representação gráfica.

82 dos 150 participantes responderam que gostam de uma empresa no Facebook.

Comparando as respostas às perguntas 6 e 7, os números mostram que mais participantes identificaram que "gostam" de uma empresa no Facebook, enquanto menos participantes responderam dizendo que "seguem" uma empresa no Facebook. Talvez isto seja um sinal de que os utilizadores em linha preferem apenas "gostar" de uma empresa para ver as suas tendências, em vez de a "seguir" e fazer parte de uma comunidade oficial em linha.

Questão 8

Que empresas segue?

As empresas que os participantes seguem no inquérito para este estudo incluem: Starbucks, Asos, flair events, Rolls Royce, Samsung, Astrium, Amway, Body building warehouse, etc.

Questão 9

De que empresas gosta?

As empresas que os participantes gostam no inquérito para este estudo incluem: Roc a fella, Barclays, Instructus, "empresas cinematográficas", Guardian, Greenpeace, Amway, etc.

Questão 10

Porque é que se segue uma empresa?

De todos os participantes que responderam a esta pergunta, 57 responderam que seguem uma empresa devido a um incentivo. 22 participantes responderam dizendo que a concorrência era a razão para seguir uma empresa, enquanto 5 participantes preferiram os jogos como razão para seguir uma empresa. 22 participantes pertencem à categoria "Outros" e responderam que as razões que os levam a seguir uma empresa vão desde: "informações", "actualizações sobre produtos", "interesse", "para saber mais sobre a empresa e manter-se atualizado/ver as tendências", "ofertas especiais", etc.

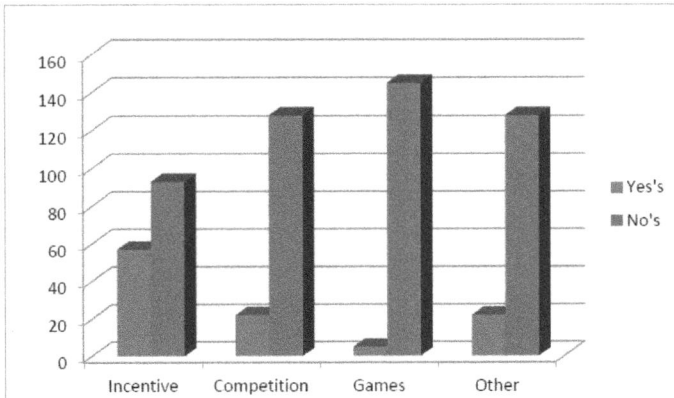

Questão 11

Porque é que gosta de uma empresa?

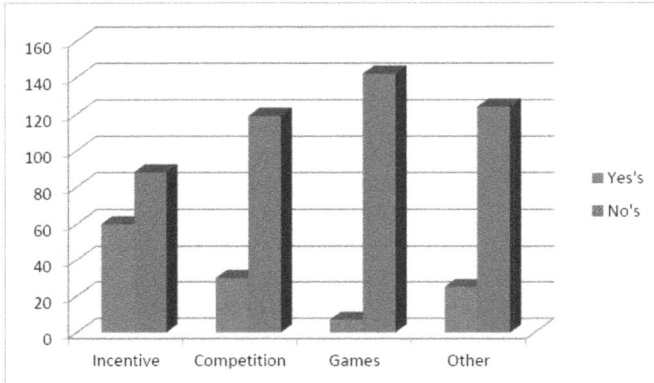

Tal como uma elevada percentagem de participantes respondeu que o incentivo era a razão pela qual seguiam uma empresa, os números também mostram que uma elevada percentagem de participantes respondeu que o incentivo era a razão pela qual gostavam de uma empresa, com 60 participantes a pertencerem a esta categoria. 30

participantes responderam que a concorrência era a razão pela qual gostavam de uma empresa, enquanto apenas 7 participantes responderam que os jogos eram a razão pela qual gostavam de uma empresa. Um total de 25 participantes respondeu que "outras" coisas, incluindo trabalho, perspectivas de emprego, actualizações sobre o que está a acontecer, família, interesse, etc., eram a razão pela qual gostavam de uma empresa.

Questão 12

Já alguma vez publicou no mural do Facebook de uma empresa ou num fórum de discussão?

Entre os 150 participantes inquiridos para este estudo, apenas 20 responderam que publicaram num mural do Facebook de uma empresa ou num fórum de discussão. Isto mostra que nem todos os utilizadores em linha são participantes "activos", o que significa que existe uma dispersão entre os utilizadores em linha dentro da categoria acima descrita, que inclui: espectadores, inactivos, críticos, etc.

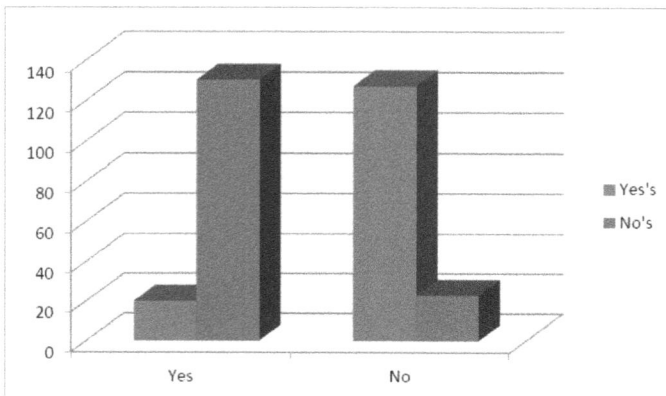

Questão 13

Se visse um concurso nas redes sociais de uma marca de consumo, que prémio o atrairia mais?

54 participantes responderam que um tablet seria o prémio que mais os atrairia se vissem um concurso nas redes sociais de uma marca de consumo. 63 participantes responderam que um prémio personalizado seria o prémio que os atrairia, enquanto 25 participantes responderam que um donativo para caridade seria o prémio que os atrairia. Por outro lado, 55 participantes responderam que o prémio que os atrairá será um computador portátil e 26 participantes responderam que o prémio que os atrairá será um vale de alimentação. Um total de 57 participantes respondeu que o prémio que os atrairia seriam vales para roupa e para a Amazon e 22 participantes responderam que os prémios não os atrairiam. Enquanto 12 participantes responderam que "outras" formas de prémios, tais como: grandes somas de dinheiro, bilhetes para eventos, produtos da empresa, apple mac book são prémios que os atrairiam se vissem um concurso nas redes sociais de uma marca de consumo.

Os números mostram que o prémio personalizado é um incentivo importante que atrai os participantes neste estudo e talvez outros utilizadores em linha para uma marca de consumo em linha. Talvez isto seja uma revelação do poder que os utilizadores em linha experimentam hoje em dia, em que são capazes de influenciar a forma como escolhem interagir com uma marca de consumo.

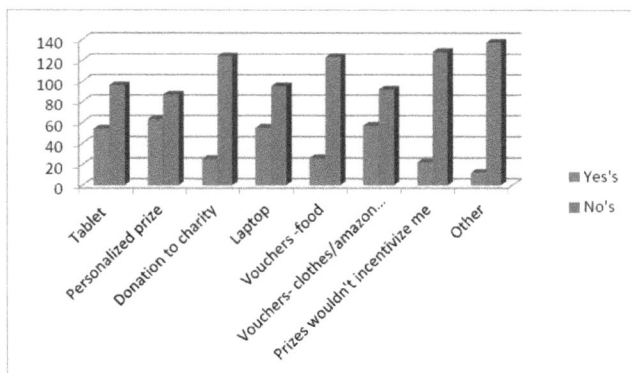

Questão 14

Tweeta?

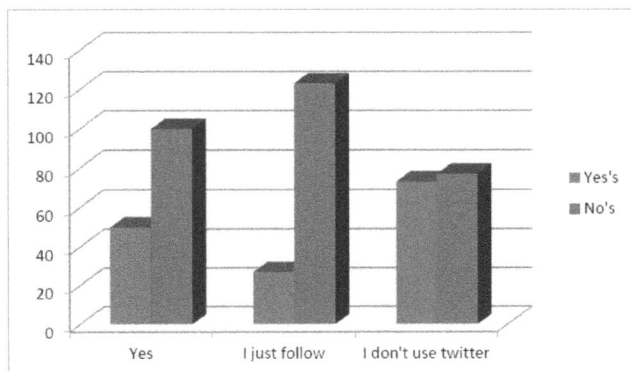

50 participantes responderam dizendo que tweetam, enquanto 27 participantes responderam dizendo

29

"apenas sigo" e 73 participantes responderam dizendo "não uso o twitter". O que fica claro com estas respostas é que a maior parte dos participantes neste estudo não tem qualquer afiliação com o twitter. Talvez isto seja um sinal de que o Twitter não é tão eficaz em termos de interação em comparação com o Facebook, por exemplo.

Questão 15

O que é que segue no Twitter?

Os números mostram que 61 participantes seguem celebridades no Twitter, enquanto 26 participantes seguem programas de televisão. Por outro lado, 24 participantes seguem lojas de retalho e 38 participantes seguem empresas (incluindo recrutadores), enquanto 19 participantes responderam dizendo "não sigo ninguém". Além disso, 28 participantes seguem "outras" coisas no Twitter, tais como: políticos, jornais, amigos, instituições de caridade, bandas, etc. Com base nas respostas dos participantes a esta pergunta, é evidente que os utilizadores em linha se sentem à vontade para se associarem à sua celebridade favorita, sob a forma de ator, atriz, modelo, cantor/rapper, etc. Este é um reflexo da representação em linha do eu e da gestão da identidade em linha.

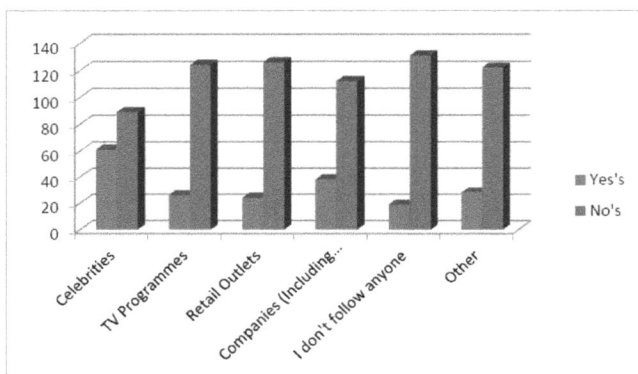

Questão 16

Com que frequência visualiza as redes sociais no seu dispositivo móvel?

Os números mostram que 120 participantes vêem as redes sociais no seu dispositivo móvel; enquanto apenas 1 participante respondeu dizendo que "quase nunca" vê as redes sociais no seu dispositivo móvel. Enquanto 20 participantes responderam dizendo que "às vezes" vêem as redes sociais no seu dispositivo e 8 participantes responderam dizendo que "nunca" vêem as redes sociais no seu dispositivo móvel.

O que se revela nas respostas dos participantes a esta pergunta é a mudança das formas de comunicação, em que os mercados móveis desempenham agora um papel cada vez mais importante entre os intervenientes num sistema complexo de funções que podem ser executadas por intervenientes em mudança em formas de comunicação em mudança. Essencialmente, de acordo com os números das respostas dos participantes a esta pergunta, os dispositivos móveis representam atualmente uma plataforma poderosa que as organizações podem utilizar como ferramenta de comunicação para chegar a um público mais vasto numa rede de concorrência crescente.

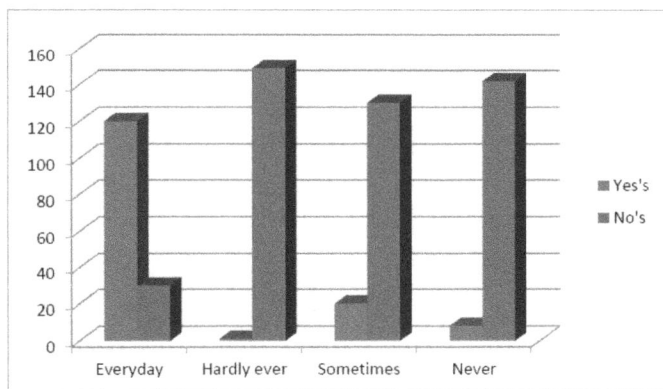

Questão 17

Tem um blogue regular?

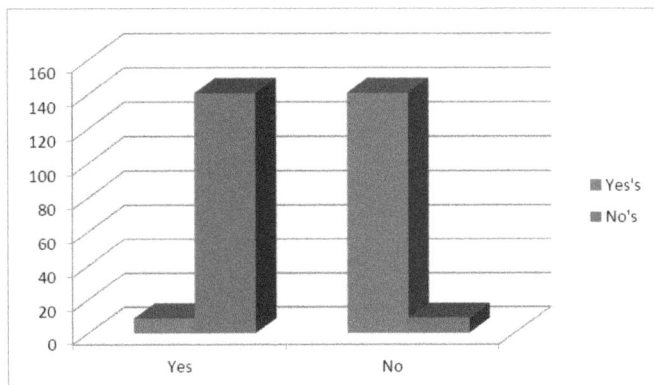

Entre os 150 participantes incluídos neste estudo, apenas 9 responderam que têm um blogue regularmente. Isto sugere que o envolvimento e o nível de atividade nos sítios de blogues não é o mesmo que noutras plataformas, como o Facebook.

Questão 18

Que sítios de blogues utiliza habitualmente?

O sítio de blogues mais utilizado regularmente entre os participantes inquiridos neste estudo é o tumblr, com um total de 11 participantes que responderam dizendo que visitam regularmente este sítio de blogues. Outros sítios de blogues comuns utilizados pelos participantes variam entre o wordpress, o pinterest, o BlogSpot, o buzzfeed, o tinder, o gawker, o Ip med e o Ip KAT.

Questão 19

Porque é que tem um blogue?

A maioria dos participantes respondeu que "não tenho blogues", com 77 dos 150 participantes a darem esta resposta. No entanto, entre os outros participantes, há mais participantes que se enquadram na categoria "partilha de informações/recursos" e "para interagir com pessoas que pensam da mesma forma", 12 e 14 participantes, respetivamente. Com base nestas respostas, parece que a partilha de informações/recursos e a interação com pessoas que pensam da mesma forma servem de premissa para vários ambientes e comunidades virtuais.

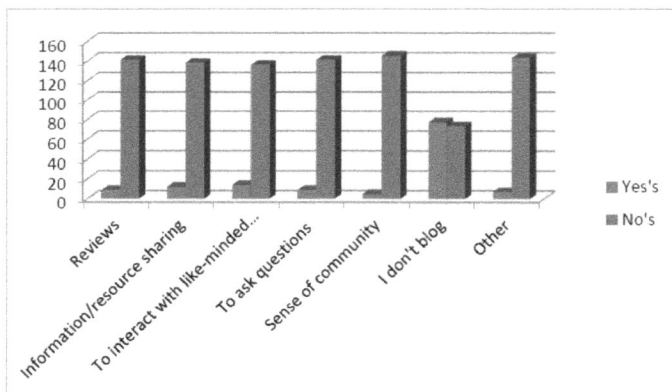

32

Questão 20

Já escreveu num blogue sobre uma empresa na perspetiva do consumidor?

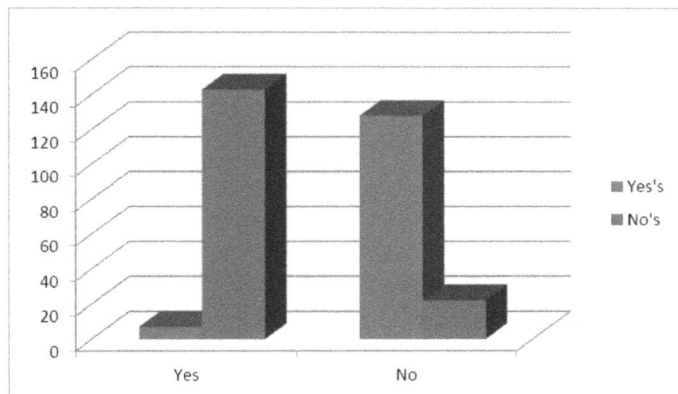

Entre os 150 participantes inquiridos para este estudo, apenas 7 responderam que já escreveram em blogues na perspetiva do consumidor. As respostas dos participantes sugerem que estes não estão muito envolvidos na interação social disponível nos sítios de blogues. Talvez os sítios de blogues não forneçam a ligação necessária para satisfazer as necessidades e os desejos dos utilizadores em linha.

Questão 21

O que é que não gosta nas redes sociais?

Um participante respondeu a esta pergunta dizendo: *"como transformou negativamente a forma como as pessoas socializam atualmente. Quando eu era miúdo, costumávamos reunir-nos à porta de casa. Jogávamos futebol, conversávamos e coisas do género. Mas agora, toda a gente bebe em discotecas ou está sentada em casa no Facebook. Os meus amigos, que fazem maioritariamente parte do segundo grupo, tornam assim difícil a comunicação com eles, uma vez que não utilizo muito o Facebook ou qualquer outro meio de comunicação semelhante"*. Apesar de os meios de comunicação digitais e em linha restringirem e capacitarem simultaneamente os indivíduos à medida que interagem uns com os outros na vida pública, a pergunta procura revelar algumas limitações dos meios de comunicação social, e a resposta acima, dada por um dos participantes neste estudo, reflecte muito bem a forma como os meios de comunicação social restringem outras formas de interação na vida de um indivíduo. Neste caso, limita a oportunidade de o participante interagir fisicamente com os seus amigos, que estão maioritariamente online quando estão livres.

Noutros casos, as redes sociais podem ser consideradas como carecendo de privacidade em termos de proteção de dados, como no caso da resposta de um participante à pergunta anterior, que diz: *"pode ser intrusivo"*. Isto sugere que, apesar do quadro legislativo e dos esforços de autorregulação, as informações dos utilizadores em linha ainda não estão adequadamente protegidas.

Capítulo 6. Resumo das conclusões (resultados)

É evidente que a Cadbury é bem sucedida nas redes sociais devido à sua presença múltipla em várias plataformas de redes sociais, mas também devido ao elevado número de seguidores que tem através da sua presença nas redes sociais, apesar de ter criado uma campanha bem sucedida nas redes sociais (na Cadbury House Experience). A criação ponderada de capacidades específicas em torno do desenvolvimento de conteúdos, da gestão da comunidade e da análise em tempo real permitiu à Cadbury desenvolver ligações de comando, diretas e multiplataformas com os clientes que pretendem interagir com a marca.

As conclusões deste estudo realçam muitas das teorias já estabelecidas sobre as redes sociais, mas particularmente sobre a utilização do Facebook. Por exemplo, neste estudo, as conclusões mostram que a estrutura de gratificação do Facebook é semelhante a outras conclusões de outros estudos e realçam as necessidades sociais satisfeitas pela utilização do Facebook. No total, 108 dos 150 participantes responderam que utilizam o Facebook todos os dias. No entanto, noutros casos, zero participantes responderam dizendo que utilizam o Myspace. Isto realça que algumas plataformas já não são suficientes para satisfazer as gratificações dos utilizadores em linha. Além disso, quando os participantes neste estudo foram questionados sobre o motivo que os levava a visitar um sítio de redes sociais, 138 em 150 participantes responderam que "manter o contacto com os amigos" era o seu objetivo para visitar um sítio de redes sociais preferido. Por conseguinte, as redes sociais têm a ver com a satisfação de necessidades sociais e a manutenção de relações entre outros.

A identificação de algumas questões relativas à privacidade e à interação física representa um dano potencial para a credibilidade e a fiabilidade da Cadbury e estabelece que a utilização crescente dos meios de comunicação social ameaça o futuro papel da Cadbury no mercado económico global, ao colocar uma maior ênfase no conteúdo e na contribuição fornecida pelos seus clientes e outros utilizadores em linha.

Capítulo 7. Discussão

Através da sua presença nas redes sociais e na sua campanha de marketing nas redes sociais, a Cadbury incorporou as nove melhores práticas acima referidas. Sabiam o que queriam da campanha; eram humanos, prestavam atenção aos fãs e aos seguidores, respondiam a vários e tiravam partido do seu conteúdo para não os dominarem. Envolveram-se nas conversas, obtiveram respostas em tempo real, familiarizaram-se com o público e com as plataformas, mas também desenvolveram uma experiência única.

Para além da (Cadbury House Experience), a Cadbury também criou outras campanhas, como a "Cadbury #CremeEggBake Hangout with Eric Lanlard" no seu GooglePlus, a fim de apelar a todos os utilizadores da groundswell. Os fãs, seguidores e amigos podiam encontrar-se entre um criador ou um espetador e, ainda assim, beneficiar da visualização ou participação na campanha de qualquer forma. Os criadores podem escrever artigos sobre as partes da campanha que mais lhes agradam e os espectadores podem limitar-se a observar o desenvolvimento e o crescimento da campanha ao ritmo que lhes agrada.

A Cadbury house experience é uma campanha viral bem sucedida, sobretudo através da colaboração com o sistema operativo das redes sociais (dwinQ). Esta campanha ainda está acessível na Internet, o que proporciona benefícios contínuos para a marca. Além disso, o fator "uau" da campanha inclui tanto a escala da campanha como o local em que foi executada. Permitir que os participantes se tornem campeões instantâneos da marca é um grande feito e os Jogos Olímpicos de 2012 são uma das poucas competições colocadas no centro do palco global. Ao colocar esta campanha no Facebook, Newsfeed e YouTube, a Cadbury conseguiu criar algo "quente" sobre esta campanha e vê-la crescer, bem como conquistar vários públicos-alvo.

Ao criar um burburinho, a Cadbury deu aos visitantes, fãs, amigos e seguidores um motivo para visitarem os seus sítios. Em suma, a Cadbury criou uma "necessidade" para os utilizadores procurarem online informações sobre o progresso da campanha. Os utilizadores ganharam ao visitar os sites e ao interagir com os seus amigos, bem como com a Cadbury, ao sentirem que desenvolveram uma relação e fizeram parte de algo memorável.

Capítulo 8. Conclusão

A presença em linha da Cadbury e o seu envolvimento com os clientes e outros utilizadores em linha podem servir de modelo para outras empresas seguirem o exemplo. Este documento explorou o marketing nas redes sociais e apresentou um estudo de caso da Cadbury. A teoria dos usos e gratificações foi investigada, bem como a teoria do groundswell. Foram também examinadas as melhores práticas de comunicação nas redes sociais e abordagens para campanhas de marketing viral bem sucedidas. Além disso, a investigação primária, sob a forma de inquérito, ajudou a descobrir as limitações das redes sociais e outras ideias, como as motivações dos utilizadores para utilizarem uma determinada plataforma de redes sociais e quais as plataformas específicas mais comuns entre os utilizadores em linha. Estas teorias e estratégias foram depois analisadas através da análise da presença da Cadbury nas redes sociais e do seu envolvimento numa campanha recente nas redes sociais, mas também através da incorporação de outras ideias da investigação primária realizada no âmbito deste estudo. No entanto, o avanço tecnológico e a globalização levaram a que os meios de comunicação social se tornassem parte integrante dos esforços empresariais globais, mas também podem ser vistos como vitais para a sobrevivência no atual ambiente económico altamente competitivo. É por esta razão que as empresas estão a incorporar cada vez mais os meios de comunicação social nos seus métodos de comunicação, porque estão a provar ser a ferramenta mais eficaz através da qual podem chegar diariamente a um público global. Assim, tal como discutido neste documento, os meios de comunicação social estão, na sua essência, a transformar vários modos de comunicação e a tornar-se a ferramenta do futuro das campanhas de marketing.

A investigação futura que pode ser realizada poderia ser uma descrição detalhada da presença da Cadbury numa base diária, e não apenas uma grande campanha. A investigação primária (inquérito) poderia ter sido realizada de forma diferente, embora se pretendesse realizar uma entrevista com a empresa escolhida (Cadbury) para este estudo; no entanto, o investigador não o pôde fazer devido a circunstâncias imprevistas. Talvez isso pudesse ter ajudado a descobrir mais ideias e pensamentos benéficos sobre a presença da Cadbury nas redes sociais. Esta investigação é adequada para prever tendências como o que está a criar um burburinho nas redes sociais e se esse é o momento certo para chegar aos utilizadores, mas também quando os utilizadores têm as maiores críticas sobre uma mercadoria e se a empresa está a responder de forma suficientemente consistente às publicações nas redes sociais.

Bibliografia

http://www.cmo.eom/content/cmo-com/home/articles/2011/4/14/9-d igital-marketing- lessons-from-top-social-brands.frame.html. Drell, L. (2013, 12 de outubro). 9 Digital Marketing Lessons From Top Social Brands [9 lições de marketing digital das principais marcas sociais]. Mashable.

Sarah Shearman. Cadbury lança duas barras de leite lácteo através das redes sociais. Recuperado (2013, outubro 13) de http://www.marketingmagazine.co.uk/article/1148783/cadbury- launches-two-dairy-milk-bars-via-social-media.

Nic Newman, William H. Dutton, Grant Blank (2012). Os media sociais na ecologia em mudança das notícias: The Fourth and Fifth Estates in Britain. Pp.: 9. Recuperado (2013, outubro 13), de http://www.ijis.net/ijis7 1/ijis7 1 newman et al.pdf

Peter Field & Carlos Grande (2013). Warc Trends Seriously Social: Um livro de casos de tendências de eficácia em campanhas de media sociais. Pp.: 4. Recuperado (2013, outubro 13), de http://www.warc.com/freecontent/Social Media sample trial.pdf?M=SMSTrial

David Meerman Scott (2008). The New Rules Of Viral Marketing - How word-of-mouse spreads your ideas for free. Pp.: 9. Recuperado (2013, outubro 13), de http://www.davidmeermanscott.com/documents/Viral Marketing.pdf

Kirkby, J., & Marsden, P. (2006, 2007). Marketing viral. *Connected Marketing* (Pp.: 96-97). Oxford: Elsevier. *Versão editada.*

http://www.marketingmagazine.co.uk/article/1147152/cadburys-olympic-sponsorship- lidera-25m-fãs-de-media-social. Sarah Shearman, 27.08.2012. Visualizado: (16/10/13).

Zizi Papacharissi & Andrew Mendelson. Toward a New(er) Sociability: Uses, Gratifications, and Social Capital on Facebook [Usos, gratificações e capital social no Facebook]. Pp.: 3, 10, 11, 12. Recuperado (2013, outubro 16) de http://tigger.uic.edu/~zizi/Site/Research files/FacebookSociability.pdf.

Das campanhas às capacidades: The Impact of Social Media on Marketing and Beyond. Christopher Vollmer & Karen Premo, 2011, Pp.: 1 - 25. Recuperado (2013, outubro 13), de http://www.booz.com/media/file/BoozCo-Campaigns-Capabilities-Social-Media- Marketing.pdf

"Experiência da Casa Cadbury": Cadbury Amplifies Social Media with dwinQ at 2012 Olympics. http://www.youtube.com/watch?v=wILprOrDHKA, Publicado em: 26 de novembro de 2012. YouTube, www.youtube.com, 2012.

Actualizações de e sobre a equipa da UK Cadbury no Twitter. https://twitter.com/CadburyUK Visualizado: (16/10/13). Twitter, www.twitter.com, 2013.

Estudo de caso - Cadbury. Recuperado (2013, outubro 13), de http://services.google.com/fh/files/blogs/cadburycase study.pdf

Actualizações de e sobre a equipa da Cadbury no Reino Unido no Facebook. https://www.facebook.com/CadburyUK . Visualizado: (13/10/2013). Facebook, www.facebook.com, 2013.

Actualizações de e sobre a equipa da Cadbury no Google+. https://plus.google.com/+cadbury/posts. Visualizado: (13/10/2013). Google+, www.Google+.co.uk, 2013.

Atualização de e sobre a equipa da Cadbury no Reino Unido no YouTube. http://www.youtube.com/user/CadburyUK. Visualizado: (13/10/2013). YouTube, www.YouTube.com, 2013.

Regras da casa da Cadbury UK. (2013) Obtido em 13 de outubro de 2013, de https://www.facebook.com/CadburyUK/info

Redes sociais: The Business Benefits May Be Enormous, But Can the Risks - Reputational, Legal, Operational - Be Mitigated? Toby Merrill, Kenneth Latham, Richard Santalesa e David Navetta, 2011, Pp.: 2. Recuperado (2013, novembro 15), de http://www.acegroup.com/us-en/assets/ace-progress-report-social-media.pdf

Charlene Li e Josh Bernoff (2008). Groundswell: vencer num mundo transformado pelas tecnologias sociais. Pp.: 9 & 41-45. Harvard Business Press.

Michael E. Porter e Mark R. Kramer (2011). Creating Shared Value: How to reinvent capitalism-and unleash a wave of innovation and growth [Como reinventar o capitalismo - e desencadear uma onda de inovação e crescimento]. Pp.: 15. Recuperado (2013, dezembro 5), de http://www.hks.harvard.edu/m-rcbg/fellows/N LovegroveStudyGroup/Session 1/Michael Porter CreatingShared Valu e.pdf

Petra Lietz (2010). Research into questionnaire design - A summary of the literature; International Journal of Market Research, Vol. 52 (2), pp.: 249, 250 & 251. Recuperado (2014, 02 de fevereiro), de http://cmsdev2.cse.edu/dotAsset/134306.pdf

Key Pousttchi & Yvonne Hufenbach (2011). Criação de Valor no Mercado Móvel. Vol. 3 (5), Pp.: 299.

Wayne D. Hoyer, Rajesh Chandy, Matilda Dorotic, Manfred Krafft e Siddharth S. Singh (2010). Consumer Cocreation in New Product Development. Pp.: 283.

Zizi Papacharissi. Usos e Gratificações. Pp.:139. Recuperado (2014, fevereiro 15), http://tigger.uic.edu/~zizi/Site/Research files/PapacharissiU%26G.pdf

Anabel Quan-Haase & Alyson L. Young (2010). Usos e Gratificações dos Media Sociais: A Comparison of Facebook and Instant Messaging. Pp.: 350 - 361. Recuperado (2014, março 24), de file:///C:/Users/Home/Downloads/Bulletin of Science Technology Society-2010- Quan-Haase-350-61-libre.pdf

C.K. Prahalad & Venkat Ramaswamy (2004). Co-Creation Experiences: A próxima prática na criação de valor. Pp.: 6.

Geoffrey J. Simmons. "i-Branding": desenvolver a Internet como uma ferramenta de branding. Pp.: 551. Recuperado (2014, março 24) http://www.emeraldinsight.com/journals.htm?articleid=1628110

Apêndices

Nome: Pelumi Rotimi Joseph

Identificação do estudante: 110627630

DECLARAÇÃO

BUS314 Dissertação de Negócios e Gestão

Esta dissertação intitulada

Incorporar eficazmente as redes sociais: Um estudo de caso sobre a Cadbury

foi composto por mim e baseia-se no meu próprio trabalho. Nos casos em que foram utilizados trabalhos de terceiros, estes são devidamente reconhecidos no texto e nas legendas dos quadros e ilustrações. Este relatório não foi apresentado para qualquer outra qualificação.

Pelumi Rotimi Joseph

Assinado ....

29/04/2014

Data ....

Apêndice B: Modelo de questionário

Questionário/inquérito:

1. Com que frequência utiliza os sítios das redes sociais?

	Todos os dias	A maioria dos dias	Uma vez por semana	Uma vez por mês	Nunca	Nunca ouvi falar
Facebook						
Youtube						
Twitter						
Google+						
LinkedIn						
Instagram						
Sala de estudantes						
Blogues						
O meu espaço						

Outros (especificar e frequência)

2. Que plataformas utiliza mais regularmente para aceder às suas contas nas redes sociais?

(Assinalar os que forem necessários)

o PC/Mac

o Computador portátil

o Telemóvel (Android, Samsung, IPhone, BlackBerry, etc.)

o Ipad ou tablet

o Outros (especificar)

3. Qual é o seu principal objetivo ao visitar o seu sítio preferido das redes sociais?

(Assinalar as opções que considerar adequadas)

o Manter-se em contacto com os amigos

o Partilhar fotografias

o Actualizações de lançamentos

o Organização de eventos

o Verificar os perfis de outras pessoas

o Namoro

o Manter-se em contacto com o clube ou a comunidade

o Empregos/carreiras

o Outros (especificar)

4. Se estivesse interessado em seguir uma empresa (por exemplo, uma marca de consumo) ou os seus produtos/serviços, como iria interagir com ela nas redes sociais?

o Seguir/gostar deles

o Ignorar

o Visitar a sua página mas não gostar/seguir

o Outros (especificar)

5. Quanto tempo passa no Facebook por dia?

o Menos de uma hora

o Entre uma e três horas

o Entre três e seis horas

o Mais de seis horas

6. Segue alguma empresa no Facebook?

o Sim

o Não

7. Gosta de alguma empresa no Facebook?

o Sim

o Não

8. Que empresas segue?

9. De que empresas gosta?

10. Porque é que se segue uma empresa?

(Assinalar as opções que considerar adequadas)

o Incentivo

o Concorrência

o Jogos

o Outros (especificar)

11. Porque é que gosta de uma empresa?

(Assinalar as opções que considerar adequadas)

o Incentivo

o Concorrência

o Jogos

o Outros (especificar)

```

```

12.Já alguma vez publicou no mural do Facebook de uma empresa ou num fórum de discussão?

o Sim

o Não

13.Se visse um concurso nas redes sociais de uma marca de consumo, que prémio o atrairia mais?

(Assinalar as opções que considerar adequadas)

o Tablet

o Prémio personalizado (é-lhe dado um orçamento e pode escolher)

o Doação a uma instituição de caridade

o Computador portátil

o Vales - Alimentação

o Vales - Roupa/Amazon, etc.

o Os prémios não me incentivariam

o Outros (especificar)

```

```

14.Tweeta?

o Sim

o Eu só sigo

o Não utilizo o twitter

15.O que é que segue no Twitter?

(Assinalar as opções que considerar adequadas)

o Celebridades

o Programas de televisão

o Pontos de venda a retalho

o Empresas (incluindo recrutadores)

o Não sigo ninguém

o Outros (especificar)

```

```

16.Com que frequência visualiza as redes sociais no seu dispositivo móvel?

o Todos os dias

o Quase nunca

o Por vezes

o Nunca

17.Tem um blogue regular?

o Sim

o Não

18.Que sítios de blogues utiliza habitualmente?

```
┌─────────────────────────────────────────────────────────────────┐
│                                                                   │
└─────────────────────────────────────────────────────────────────┘
```

19.Porque é que tem um blogue?

(Assinalar as opções que considerar adequadas)

o Comentários

o Partilha de informações/recursos

o Interagir com pessoas que pensam da mesma forma

o Fazer perguntas

o Sentido de comunidade

o Não tenho blogue

o Outros (especificar)

```
┌─────────────────────────────────────────────────────────────────┐
│                                                                   │
└─────────────────────────────────────────────────────────────────┘
```

20.Alguma vez escreveu um blogue sobre uma empresa do ponto de vista do consumidor?

o Sim

o Não

21.O que é que não gosta nas redes sociais?

```
┌─────────────────────────────────────────────────────────────────┐
│                                                                   │
└─────────────────────────────────────────────────────────────────┘
```

Nome	Masculino	Feminino	Idade	Data	Tempo (de conclusão). *Entre quando e quando?*	Assinatura	Estudante Número de identificação:

Apêndice C: Resumo do projeto

o **Título/Tópico: Incorporar eficazmente as redes sociais: Um estudo de caso sobre a Cadbury.**

Porque é que o tema é importante:

Os meios de comunicação social são importantes e constituem uma força motriz no domínio da comunicação e do marketing e estão a crescer cada vez mais. Este acontecimento está a mudar a forma como o marketing era feito nos anos anteriores e continua a mudar a forma como o marketing é feito. O feedback instantâneo, o contacto em primeira mão e a experiência de interação social em grande escala são apenas três, mas alguns dos benefícios.

O marketing nas redes sociais ajuda uma empresa a criar relações e a associar-se facilmente ao seu público. Ferramentas como o Facebook, o Twitter, o MSN, o YouTube, o Google+ e vários sítios de blogues são úteis para estabelecer uma ligação. Assim, cabe à empresa garantir que a relação se desenvolve, cresce e se mantém.

O que tenciono descobrir:

Pretendo explorar e investigar de que forma os meios de comunicação social são utilizados, em particular na Cadbury, e que elementos desempenham um papel importante na procura dos meios de comunicação social. Considerarei também a sua utilidade como ferramenta de marketing, mas também para criar e acrescentar valor às organizações. Além disso, tenciono analisar a forma como as redes sociais, como o Facebook, por exemplo, ajudam a criar uma base de clientes que acaba por se transformar naquilo que chama a atenção das organizações como uma área de oportunidade. Assim, no final do meu projeto de investigação, espero ter desvendado e esclarecido os pontos acima referidos.

Como tenciono fazê-lo (ou seja, conceção e métodos de investigação):

Recolha de dados e amostragem:

Testar a prática atual e o desenvolvimento das redes sociais e a sua utilização pela Cadbury na indústria de confeitaria no Reino Unido. Será criado e distribuído um *questionário* para recolher dados quantitativos sobre a gama de meios de comunicação social utilizados (por exemplo, Facebook, Twitter, Google+), para descobrir de que forma a Cadbury utiliza os meios de comunicação social e porquê.

Os dados serão extraídos através da análise do registo histórico do crescimento dos meios de comunicação social (desde o início dos anos 90 até aos tempos mais recentes) e da forma como o avanço da tecnologia ajudou a fomentar esse crescimento. *Isto será feito através da análise de artigos académicos de vários autores neste domínio.*

Os dados serão extraídos e analisados através de gráficos, tabelas e quadros que detalham os alinhamentos da principal relação entre o crescimento das redes sociais e a Cadbury.

Os dados de ambos os conjuntos serão sintetizados para determinar se as correlações apontam para um crescimento importante na Cadbury como um todo.